保護者のための
いじめ解決の教科書

阿部泰尚
Abe Hirotaka

a pilot of wisdom

目次

第3章 8割の親が気づかない、いじめの「兆候」 81

第6章　子供のいじめは大人の模倣だ――159

この本を読んでくださった皆さんへ――183

はじめに

私が代表理事を務めるいじめ対策NPO「ユース・ガーディアン」には、毎月20~50件の相談が寄せられている。NPO設立前に受けたものも含めると、これまでの相談件数は合計6000件にもおよぶ。

話を聞いていると、現代のいじめが以前よりもはるかに陰湿で、解決の難しいものになってきていることを実感する。そして同時に感じるのが、教師の問題解決能力が落ちているという非常に残念な現実だ。

相談でいちばん多いのは、「子供がいじめに遭っていると先生に相談したのに、理由をつけて対処を先延ばししようとしてくる」「学校には有効な手立てがない」といったものだ。多くの親は、学校に訴えたのに一向に解決に向かう気配がないという、切羽詰まった状態で電話をしてくる。

だが、相談を聞いていると、親がもっと早く「別の行動」を取っていれば、先延ばしされたり話がこじれたりすることもなく、また、われわれに頼ることもなく解決できたのではないか、と感じることも少なくない。

保護者の多くは、現在の学校がブラック職場になってしまっていることや、長時間労働で疲れきった先生の中には、「できれば、いじめなんてなかったことにしたい」と思っている人が相当数いることを知らない。

そのため、少しでも学校を非難するようなことを言ったり、感情的な様子を見せると、学校から「モンスター・ペアレント認定」されてしまうケースが跡を絶たない。「モンペ認定」されると、学校側はあたかも親をクレーマーのように扱い始める。親から対処を求められても、「見ておきます」と答えつつ、実際にはなにもしないという対応を始めるのだ。

以前の学校なら、いじめた側と被害者、両者をうまく橋渡しし、子供が抱えている悩みを時間をかけて解きほぐすことができたかもしれない。しかし、日本の教育現場はそのようなことが望める状況ではなくなってしまっている。

そんな中で、親が取るべき「適切な行動」とはどのようなものか。それは、なにも難しいものではない。それどころか、「こんな単純なことが重要なの？」というものが多い。たとえば……

- 学校に、いじめ対策を求める手紙やメールをいきなり送るのはＮＧ。
- いじめの相談を学校とするなら、最初の連絡は電話で、朝10時ごろが良い。
- 先生との話し合いに子供を同席させない。
- 学校が頼りにならないときは、教育委員会も当てにできない。だが、「ある文書」を見たいと言えば、学校や教育委員会が動く可能性が高まる。

本来であれば、いじめ被害に遭っている側がこのようなことを考える必要はないはずだ。親は子供をしっかり見守り、問題があれば先生に相談して、ともに解決に向かえばいい。

だが、そのような牧歌的なことを言っていられないのが今の教育現場といえる。親も「**教師の心理**」と「**職員室の力学**」を知らなければ、わが子を守れないのだ。

私は日本で初めていじめ調査を受件した私立探偵でもある。探偵が行う業務は浮気調査や素行調査が多いが、15年ほど前に「子供が同級生にいじめられているようだが、証拠がないので調べてほしい」という相談を受けた。探偵がいじめ問題にかかわるなんて筋違いではないかと思ったが、実際に調査してみると、第三者の手助けがなければ、とても被害者を救うことができないと思われる状況に出くわした。以降、多くのいじめ調査依頼を受けている。

私はいじめに関する依頼の場合、尾行などで調査員が動く際の人件費しか受け取らないことにしていた。相談はもちろん、録音・録画用の機材の貸し出しも無料だ。依頼者が1円も支払うことなく、事態が解決することもあった。

それでも探偵調査だけでは、複雑ないじめの問題に完全には対応しきれないと感じるようになった。ひとりでも多くの子供たちを救いたいと、2014年にユース・ガーディアンを設立した。それ以降は、NPO法人が必要と判断すれば探偵調査も無償で行っている。

冒頭の6000件という相談件数は、NPOと探偵事務所で受けた相談の合計だ。うち約4500件はわれわれの助言で状況が改善された。被害が深刻なために、探偵技術を使って収束に導いたケースも400件に上る。

本書では、そんな探偵としての経験から出てきた「証言者の探し方」や「記録・証拠の取り方」なども詳しく説明している。どうか参考にしてほしい。

いじめは子供の人生を破壊する。そして、本当の意味で子供を守れるのは親だけだ。この本が、わが子をいじめから守りたいと願う保護者にとって強力な武器となれば、私にとってこれ以上の喜びはない。

第1章　学校から「モンペ」認定されない方法

ＮＰＯ法人ユース・ガーディアンに連絡をしてくるのは、約90％がいじめ被害者のお母さんだ。８％が被害者本人である子供からのもので、それ以外は被害者のお父さんということになる。

小中高でいうと、中学生の親からの相談が全体の５割を占め、残りは小学生と高校生の親で半々といったところだろう。いじめの内容は、仲間外れ、所持品を壊す、直接の暴力とさまざまだ。

私たちは相談内容を聞きながら、適切な対処はなにかを考え、助言する。ただし、電話でのアドバイスでは解決が難しいと感じた場合は、提携しているT．I．U．総合探偵社（こちらも私が代表を務めている）に調査を依頼し、協力して解決を目指すことになる。ユース・ガーディアンの相談は無料だし、探偵事務所が動いた場合の料金もユース・ガーディアンが負担する。相談者の金銭的負担はまったくない仕組みになっている。

相談でもっとも多いのが、先生に相談をしたのに、学校がろくに対処してくれないというものだ。

「担任の先生は私のことを『モンスター・ペアレント』扱いしてきます。職員室の別の先生に相談しようとすると、その先生にまで露骨に嫌な顔をされました」

「先生はいじめをする生徒にヒアリングはしたようなのですが、本人が『いじめてません』と言っただけで、なかったことにされました」

「子供の身体《からだ》にできたアザの写真を撮って見せたのに、『お母さん、考えすぎですよ』と言われてそれっきりです」

たしかに、このような教師は少なくない。大した情報収集も行わず、いじめを行っている生徒を呼び出し、「お前らのしていることはいじめだ、すぐに止《や》めろ」と高圧的に叱りつけるだけで、自分の仕事は終わったと思う者もいるし、注意すらせずにいじめについてのビデオを見せて、対策を行ったつもりになる者もいる。

学校にこのような対応をされてしまうと、いじめはエスカレートし、陰に隠れて行われるようになる。いじめられた被害者は大人に失望して、二度と被害について語らなくなる。

事態は最悪の方向に向かいかねない。

しかし、モンペ認定されずに、教師を解決に向かわせるには、ちょっとしたコツが分かっていればいい。この章では、わが子のいじめ被害を知ったらどのように学校にアプローチすべきなのか、実際の例を見ながら考えていこう。

学校へのファーストコンタクトが「電話」でなければならない理由

公立中学2年生の娘をもつお母さんが、ある朝、娘から「学校に行きたくない」と言われた。理由をたずねると、「いじめられている」と言う。お母さんは、予想外の話に動揺しながらも、インターネットでいじめについて調べ、その結果、ユース・ガーディアンに電話をかけることにした。

私が話を聞いた時点で、お母さんは娘から細かくいじめの内容を聞いていた。娘とはなんでも話し合える間柄だということで、親子関係は良好なようだった。

被害に遭った女の子は、最初はクラスの女子生徒仲良し5人組のうちのひとりだったが、やがて他の4名がこの子を仲間外れにするようになったという。

仲良しグループがいじめ集団と被害者に変わっていく。現代のいじめでよくあるパターンだ。いじめグループの4人組は、リーダー格の1名、リーダーに従って積極的にいじめる2名、彼女たちになんとなくついて行く1名で構成されていた。「リーダー1名に追従者数名」というグループ構成も、典型的な例だ。

いじめの内容は、女の子が近づくといきなり話題を変えるという「仲間外れ」と、話しかけても反応しない「無視」だった。

中学生になると、仲間外れには必ずSNSが使われる。加害生徒たちはLINE外しも行っていた。もともとは、5人で同じグループのLINEで繋《つな》がっていたが、あるときから、4名が新たなグループを立ち上げ、女の子を閉め出した。そして、新たに作ったLINEグループで、被害生徒の悪口を言い合っていた。

学校で女の子が通りかかると、彼女の知らないLINE上で話題にしたことで盛り上がり、あるときは、インスタグラムに、女の子以外の4人がカラオケで盛り上がっている写真を投稿する。女の子に「あなたは仲間外れ」を印象づけるための投稿だ。

いじめはどんどんエスカレートしていった。加害生徒は、クラス内で女の子と普通に会話をしている生徒を見つけると、人気《ひとけ》のないところで「〇〇と話さないで」と脅しをかけ、被害生徒を徹底的に孤立させていった。

さらに、通りすがりに、被害生徒に向かって、「なんか臭そう」「ぼっち」などの言葉を浴びせかけていた。時には、髪の毛を引っ張るといったこともあったという。クラス内に被害生徒を擁護する者はいない。このような状態が、半年近く続いていた。

いじめられた女の子は、ストレスで成績が降下し、食欲がなくなって体重が減り、夜も眠れない状況だった。そして、「悪いのは自分なのではないか」と自分を責めていた。同時に、「だれも助けてくれない」と先生やクラスメイトを恨んでいた。この段階でお母さんはユース・ガーディアンに相談してきたのだった。

お母さんから最初に聞かれたのが、学校にどうやって連絡をすべきか、ということだった。

というのは、ネット上に、学校へいじめ対策を求める「要望書」のテンプレートが多く公開されているからだ。これらはだれでも自由に使えるようになっているので、最近はこの文例に従って、親が学校に要望書を送るケースが増えているのだ。お母さんは、「どのテンプレートが良いでしょうか？　それとも、担任の先生にお手紙を書くべきでしょうか」と私にたずねた。

しかし、よく考えてみてほしい。それらのテンプレートは、硬い文章で、自分の子がどういじめられたかを書き連ねたものだ。そんな、役所が書くような文章をなんの前触れもなく送り付けられた先生は、「自分たちが責められている」と思い込む可能性がある。

学校の先生は、日々さまざまな要望を受けている。中には、文字どおりのモンスター・ペアレントによる理不尽なクレームもある。彼らと同じと思われるようなそぶりは、極力避けたほうがいい。

実際、本来であれば親と先生の話し合いですんなり収まったはずの事例でも、いきなり手紙を送ってしまったために、解決まで時間がかかってしまうケースが増えている。

お母さんにはこう伝えた。

「学校との交渉を書面のやり取りから始めることはやめましょう。**まずは、電話でアポイントをとって、**担任の先生と話してみてください。**時間は午前10時ごろ**が良いと思います」

書面でいじめが起きたことを表現しようとすると、どんなに冷静に書いたつもりでも、親はわが子を思うあまりどうしても感情的になりがちだ。それに、いじめを聞かされた親は、なにが起きているかを頭の中で整理できていないことも多い。テンプレートの要望書でも自筆の手紙でも、事態が複雑になる可能性が高い。

なぜ10時かといえば、この時間帯は職員室が中休みのような状態になっているからだ。職員室での朝礼や、その日学校を休む生徒についての対応、朝一の問い合わせの返答など、教師は朝からせわしなく動いている。それらが一段落し、職員室全体に落ち着いた雰囲気が訪れるのが10時ごろになる。

この時間帯なら副校長や教頭の手が空いている可能性が高く、学校に電話するとたいてい教頭か副校長が出てくる。公立の場合は、小中高を問わず、外部への窓口が一本化されていて、ほとんどの場合、その役目は教頭か副校長が務めているからだ。

私立の学校も、外部からの電話に対応する先生は決まっている。役職名は学校によって違うが、現場を統括する教員が外部からの窓口を担当することになっている。

このときは副校長が出た。しかし、ここですぐに「○年○組の○○の保護者ですが、○○先生、お願いできますか?」と言って担任を呼び出すのはNGだ。このお母さんが話したことを紹介しよう。

「○年○組の○○の保護者です。今日、子供と話していたらいじめられていると言うのです。『いつ、どこで?』と聞いたところかなり具体的に言うので、さすがに嘘《うそ》ではないと思いました。その件でご相談したいと思ったのですが、担任の○○先生をお願いできますか」

副校長にわざわざここまで話すのは、この段階で、いじめ問題が存在しているという認識を先生たちの間で共有させるためだ。まともな副校長なら、ここで「それは大変です。ちょっと私のほうでも動いてみます」と言ってから、担任に替わってくれるだろう。たまたま担任が席を外していれば、「後で担任のほうから電話させます」となるはずだ。

電話で会話をするときは、できるだけ冷静に礼儀正しく、淡々とした口調で話さなければならない。少しでも感情的なそぶりを見せると、学校側が「この親はモンスター・ペアレントかもしれない」と感じてしまう。保護者の態度ひとつで先生たちの姿勢に差が現れるのだ。

最初の電話でのやり取りでもっとも気をつけるべきことは、**先生たちに「この親はちゃんとしているな」と思わせる**ことなのである。これが最初に学校に連絡するときの、理想的なアプローチの手順だ。


電話の相手が担任に替わったら、どんな話をすべきか。担任は、お母さんと電話で話す時点で、いじめの相談だということを知らされている。まともな先生なら向こうから「これは一度お会いしてお話ししなければなりませんね」と言ってくるはずだ。

もし、担任がこちらに会おうとせずに、「では、注意して子供たちの様子を見ておきますね」という程度のやり取りで済まそうとしたら問題だ。お母さんのほうから、「電話で正確に伝えきれる内容ではないので、お忙しいとは思いますけど、お話しするお時間をとっていただけないでしょうか」と言わなければならない。

幸いにも、この担任（30代の男性）は副校長から電話を替わるや否や「一度お会いしてお話をうかがいたいです」と言った。

会う日時だが、担任のほうから「では明日の放課後にしましょう」と言ってきたら、それに従えばいい。「では、いつにしましょうか……」と言って迷っている様子なら、**2、3日の余裕をもった日時**を提案するのがいいだろう。たとえば電話した日が月曜日なら、木曜日の放課後を提案するのだ。

2、3日の余裕を持って日程を決める理由は、担任に準備期間を与えるためだ。お母さんと会うまでの期間に、担任は休み時間に教室の様子をそっと覗《のぞ》きにいくなど、加害生徒の様子を見る時間ができる。

いじめはポジティブな話ではないので、先生が明日にでも会って話したいというものでもない。保護者と会うまでに、ちょっと時間が欲しいと思う先生のほうが多い。

また、職員室で他の教科の先生と情報交換する余裕も生まれる。いじめと関係ない生徒に、やんわりと事情を聞くこともできる。掃除の時間や、担任が授業を持っていない時間帯に、教室に出向き普段と変わったことが起きていないか観察することもできるだろう。まともな先生なら、お母さんと会うまでの時間を、そのように使うはずだ。先生の側がある程度の情報収集を行い、心構えを持っていたほうが、話し合いはスムーズに進む。

このケースでは、お母さんの要望どおりの日時に決まった。

ただ、ここで気をつけなければならないのは、ちゃんと事実を把握しようとせず、いきなり加害生徒を叱ったりする担任もいるということだ。加害生徒に「お前らなにをやったんだ?」と聞いて、生徒の側が「なにもやっていません」と答えれば、そこで話が終わってしまう。

そんなことにならないように、保護者の側がアポとりの段階で「**まだ先生と私の間の話し合いの段階なので、いじめた子たちは叱らないであげてください**」とクギをさしておいてもいいだろう。

幸いにも、このときの先生は、加害生徒とは直接コンタクトせずに、他の先生との情報交換といじめと無関係の生徒たちからの聞き取りだけをして、お母さんとの面談に臨んだ。

ここまで来れば、話し合いのときには、担任の先生もある程度の情報を持っている。いじめと無関係な生徒から話をちゃんと聞いていれば、「いじめは本当なんだな」という心証を得ている可能性が高い。しかし、どんな担任に当たるかは運任せのようなところもあるから安心はできない。

なお、子供がいじめで精神的に疲れきっていて、先生との会合までの時間が惜しいと思ったら、担任と会うまでにここまで時間をおく必要はない。「ちょっと完全に参ってしまっているようなので、できれば早めにご相談したいのですが」と言えばよい。

学校へのアプローチは「根回し」だ

話し合いの席では、保護者はノートを取ることを忘れないようにしたい。そのうえで自分が娘から聞いた話を丁寧に説明する。先生と保護者の持っている情報を突き合わせれば、共通点と相違点が見えてくる。

ここで気をつけることは、子供から聞き取った情報をひとつひとつ、分かりやすく伝えることだ。たとえば、「先々週の水曜日には、娘は○○さんに髪の毛を引っ張られています」と具体的に告げる。

担任にこのように説明するために、親は事前に、いつなにがどこで起こったのか、5W1H（いつ、どこで、だれが、なにを、なぜ、どのように）の要領で、子供が受けたいじめ内容を整理しノートにまとめておかなければならない。5W1Hが無理なら4W（いつ、どこで、だれが、なにを）でも構わない。子供からどうヒアリングするかは、第3章で説明しよう。

曖昧な情報で話し合いに臨むと、担任は具体的ないじめ対策に向かわない可能性が高い。「お母さんの心配しすぎではないですか？」とか「子供のころにはよくあることですから、様子を見ることにしましょう」などという返答でお茶を濁されてしまう。親は必ずディテールを得てから先生に会うべきだ。

話し合いの席で、担任は「子供たちから聞いたんですが、親御さんが心配するようなことでもないようです」と言って話をまとめようとするかもしれないが、親が具体的な情報を示せば、いじめの事実を否定しきれなくなる。逆に曖昧な情報では、学校側に言い逃れする機会を与えることになる。

繰り返しになるが、日ごろから働きすぎている先生たちには、面倒なことはなるべく避けたいと思っている人が多い。保護者が常識で考えたらこうしてくれるだろうと思うことも、先生は当たり前にはやってくれないものだ。

多くの親は民間企業で働いている社会人だが、先生たちは学校の外に出たことがほとんどない。だから保護者には先生を普通の社会人に育てるつもりで接してほしい、と思っている。

そして学校へのアプローチは、いじめを認知させ対策を講じさせるという目的で行う「**根回し**」のようなものだと考えてほしい。

担任との話し合いに子供を同席させない

担任との話し合いに子供を同席させることだけは、絶対に避けてほしい。子供がいるほうが、本人の口から被害を説明できるのだから話が早いだろうと思う親もいるが、これは大きな誤りだ。

わが子がいじめられて学校に対策を求める親と、いじめが起きたクラスの担任では、本来は親の側に圧倒的なアドバンテージがある。保護者がちゃんとした情報をもとに淡々と話せば、担任は、「(いじめ対策を)ちゃんとやります」と言う可能性がかなり高い。平たくいえば、保護者のほうが、立場が強い。こういうときに、保護者として父親が出てくると、教師をこてんぱんにやり込めてしまうかもしれない。

つまり、いじめの証拠を持ったうえで学校に対策を求めるような話し合いでは、どちらが強いか、どちらが優勢に話を進めたのかが、はっきり出てしまうことがあるのだ。

もし、会話の中で、担任が自分の親に一方的にやり込められている様子を見たら、子供はもう担任の言うことなんて聞かなくなるだろう。そんなことをあなたは望むだろうか?

逆に、話し合いの席で、担任が理由をつけて「いじめ対策はしない」と言い出せば、それを聞いた子供は、「自分の負けだ」「親がなにを言ったって、どうせいじめは解決できないものなんだ」と思うだろう。そうなれば、子供を最悪のケースに向かわせる可能性すらある。

どのような結論になるか不透明な話し合いに、子供を同席させてはいけないのだ。

また、子供を同席させてしまうと、親も担任も、大人と同時に子供を相手に話をしなければならなくなる。こうなると、会話の焦点がぼやけてしまい、課題とその解決方法が見つからなくなる可能性が高い。

先生は親に対する顔と、子供に対する顔を持っている。これは親が忘れがちな点なので注意したいところだ。担任が、いじめの事実を認め、対策の必要性を認識していたとしても、そこに子供がいたのでは、「私がちゃんと責任を持って（お子さんのいじめ問題に）対処します」と言いにくいものだ。

さらに、その場に子供がいると、担任が子供を利用して、その場で話を収めてしまおうとするかもしれない。

「○○さん（加害生徒）だって、中にはいい面もあるんじゃない？　それは感じたことない？」などと言って、子供を丸め込もうとするのだ。大人からこのように語りかけられると、被害生徒も「そうかもしれません」と答えるしかない。

よって、第1回目の担任の先生との話し合いは、大人同士の1対1で行わなければならない。

このような話し合いでは、担任の側は曖昧な態度になることが多い。加害者、被害者のどちらが悪いとも言えないものだ。しかし、保護者の側は、この曖昧な態度に引っ張られてはいけない。冷静な態度で「子供が髪を引っ張られたと言った」という具体的な事実を示し続けなければいけない。

しかし一方で、一度の話し合いで学校にいじめの事実を認めさせようと焦るのも禁物だ。初回の話し合いでは、担任から**「調べてみましょう」という言葉を引きだす**ことができればよしとする。

先生は、どれほどの証拠がそろっていたとしても、片方の言い分だけでいじめの存在を認めるようなことは決して言わないものだからだ。

いじめの存在を認めることは、学校にとっては重い判断だ。だから、この話し合いで、先生がいじめを認めなかったからといって、親は決して感情的になってはいけない。学校がいじめ対策を講じるには、どうしてそのような事態になったのかという、「理由」が必要だ。これは親には関係のない学校の側の問題だが、その理由作りには一定の時間がかかる。

その理由を与えるという意味でも、親はいじめの内容を詳しく子供から聞き出して記録する必要がある。今回のケースでは、ＬＩＮＥ外しについても、いつからメッセージに返事が来なくなったかなど、きちんと記録していた。インスタグラムの投稿も、子供のスマートフォン（スマホ）を借りてスクリーンショット（スクショ）を撮っておかなければならない。なお、記録の取り方は第２章で詳しく説明する。

単にいじめられていると伝えただけでは、担任としてなにを調べたらよいか分からない。しかし、具体的な材料がそろえば、担任はそれを頼りに調べることができる。また、保護者が具体的な話をすることで、担任にいじめが起きているという、強い認識を持ってもらうことができる。曖昧な話ほど信憑性《しんぴょうせい》は低いし、逆に具体的な話ほど信憑性が高いというのは当たり前のことだ。

ここまで来れば、学校は、ほぼ１００％いじめ対策に動かざるをえない。このお母さんのケースでは、担任が生徒への聞き込みなどを通じて、お母さんが言っていることが間違いないと理解し、加害生徒たちを厳重注意した。

加害生徒への指導は、学齢や先生と生徒の関係性によっても違ってくる。今回のケースでは、担任が加害生徒一人ひとりに対して「あなたがやっていることはいじめだ」「きみは重大な問題行動を起こしているよ」と告げたようだ。これは「受験の内申書に響くかもしれない」ということも意味している。そのあたりは、中学2年生ならすぐにピンとくる話だ。

これが小学生のいじめの場合は、一人ひとりに対してより細やかなケアが必要になるが、それでも教師から「それはいじめだからね」と言われれば、加害者側は言い訳ができない。

今回のケースでは、お母さんが冷静で適切な行動を取ったことが功を奏した。しかし、たとえ加害生徒たちが厳重注意されても、被害生徒が普通の学校生活に戻れるまでは、いじめが解決したとはいえない。

学校は「謝罪の会」で幕引きを図りたがる

お母さんが担任の先生とやり取りしている間も、被害生徒は学校に通っていた。いじめに怯《おび》えながら学校に通うのは辛《つら》かっただろうが、お母さんが動いていることが分かって勇気が持てたのだろう。

お母さんが担任の先生と面談して数日が過ぎると、変化が起き始めた。それまでいじめを傍観していたクラスメイトから、被害生徒のＬＩＮＥにメッセージが来始めたのだ。

「気づかなかった」

「変だとは思っていたけど、そこまでのことになっているとは思わなかった」

「〇〇ちゃん（被害生徒）がそんなに苦しんでいるなんて気づかなかった。ごめんなさい」

クラスメイトからＬＩＮＥのメッセージを受け取っても、被害に遭っていた女の子の心が癒やされるわけではない。「ようやく、自分のことを見てくれた」という安堵感《あんどかん》と、「今まで知らないふりをしていたのに、みんな嘘ばっかり言っている」という不信感が入り交じっている。

このとき、親はどのように子供に接したら良いのか。ＬＩＮＥメッセージを見ながら、まるでいじめが全面的に解決したかのような態度で「良かったね」と言ってはいけない。

それでは、子供から見れば、やはり親はなにも分かっていないということになる。

以前、別のケースで、クラスメイトから謝罪のメッセージを受け取った女子中学生と話したとき、私が「良かったじゃん」と言うと、彼女は声を荒げてこう反論した。

「みんな絶対に気づいていたはずだし、先生に言ってくれるだけでもこんなに辛い思いをしなくて済んだのに。助ける方法はたくさんあったのに」

彼女はクラスメイトからのメッセージは表面的なものと感じていた。しかし、傍観していた生徒たちには彼女に謝罪したいという気持ちがあったのも事実だ。

こういうときは、被害生徒を子供扱いしてきれい事を言うのではなく、「**向こうが表面的にでも謝罪をしているのなら、こちらも表面的にでもそれを受ければいいんじゃないの**」といったことを言うのがいいだろう。

「みんな口に出せなかっただけで、あなたのことを思っているのよ」というような子供だましの言葉は、まったく子供の心に響かない。むしろ大人の会話をしたほうが、安心感と疑いの心の間で揺れている子供の気持ちをポジティブな方向に傾けることができる。

しかし、まだ傍観者から謝られただけだ。この時点では、まだ被害を受けた子はいじめグループの報復に怯えている。

最近の学校では、いじめを認定した場合、加害生徒に注意を与えたうえで、「謝罪の会」を行うことが多い。これは、先生の立ち会いのもと、被害生徒とその親、加害生徒とその親が集まり、加害生徒が謝罪する、一種のセレモニーだ。

学校としては「謝罪の会」をもって、いじめは解決したといいたいわけだ。しかし、本当にいじめが解決したかどうかは、その後の成り行きを見ないと分からない。

文部科学省のガイドライン〈平成25年「いじめの防止等のための基本的な方針〈平成29年3月改定版〉」〉でも、いじめ行為が少なくとも3カ月止んでおり、かつ被害児童生徒が心身の苦痛を感じていない場合にいじめの収束と判断するとしている。

だが学校としては、早く幕引きしたいという意識が強いのだろう、やたらとこの「謝罪の会」を開きたがる。そのため、多くの「謝罪の会」が表面的なものになっているのも事実だ。

とはいえ、「謝罪の会」がまったくの無意味というわけでもない。少なくとも「謝罪の会」の開催は、学校がしっかりといじめを認知し、被害生徒と加害生徒を特定し、加害生徒に指導を行ったという証拠になる。

「謝罪の会」は通常、関係者だけのクローズドな会だ。たいていは放課後行われる。場所は校長室が多いようだ。このときは視聴覚教室が使われた。私は「謝罪の会」には参加できないので、ここでは、お母さんから聞いた話をもとに、そのときの様子を再現してみたい。

被害生徒とその親、加害生徒とその親（今回は加害生徒4名とその保護者4名）が机をはさんで向かい合って立っている。学校側からは、副校長、学年主任、担任が、両者の中間、法廷にたとえれば裁判官がいる位置にいる。椅子は用意されていないので、彼らもやはり立っている。こうしたとき、担任は、少し被害生徒側に寄り添うようなかたちで位置取りしていることが多い。

このケースでは保護者として参加していたのはみな母親だった。こういったときに来るのは、やはり母親が多い。父親が来ていたら、文句が言いたくて来たという可能性がある。

困ったことに、途中の経過は母親任せで、いざというときだけ自分が乗り出し、文句を言い出す父親は意外と多いのだ。

「謝罪の会」を成立させるためには、いじめがあったことは疑いなく、加害者側が謝らないことにはケジメがつかないという状況になっていることを、各人がしっかりと認識している必要がある。

いじめられた側にしてみれば、簡単に謝罪など受け入れられないという心情になっている。「謝罪の会」を行うには、先生をはじめ周囲の大人がしっかりと被害生徒の心のケアを行うとともに、加害生徒にも会の意味を事前に納得させておかなければならない。

会の冒頭、学年主任が「では、謝罪の会を行います」と宣言した。ほとんどの生徒と親は下を向いている。室内を重苦しい空気が支配している。続いて、担任が学校が認めたいじめの内容を説明し、加害生徒に向かって「なにか言うことがあるよね」と話を向けた。

まず、リーダー格の子が「そんな（いじめてる）つもりはなかったんだけど、ごめんなさい」と淡々とした口調で謝った。この子は無表情だ。被害者側と目を合わさないようにしつつも、下を向いているわけではない。だいたいリーダー格の子は無表情であり、むしろ、いじめられた子が下を向いて緊張していることが多い。

続いて、加害者側の子が順番に謝罪した。2番目の子、3番目の子と、いわば罪が軽くなるにつれて謝り方が情緒的になる。

「そんなに苦しんでいたなんて知らなかった、ごめんなさい」

「ただふざけているだけだったのに、傷つけてごめんなさい」

ふたりとも謝罪はするのだが、必ず「そんなつもりはなかった」という趣旨の言い訳の言葉がついている。そして、どういうわけか、ただ仲間に従っていただけで、自分からいじめようという意志がほとんどなかった4番目の子が、大粒の涙をこぼしながら叫んだ。

「簡単に許してもらえるとは思わないけど、本当にごめんなさい、もうしません」

通常、加害生徒の態度には大きな違いがある。このときもそうだったが、いちばん積極的にいじめていたリーダー格の生徒が、淡々としていて無表情であることが多い。リーダー格の子が泣きながら謝るケースもないことはないが、頻度でいえば、リーダー格の子が、いちばん感情がこもらない話し方をする。

「謝罪の会」では基本的に加害者側の親の発言は求められない。加害生徒らが謝罪の言葉を言い終わると、今度は、被害者側のお母さんが発言した。

「謝罪は謝罪で聞きましたが、まだ本人（被害生徒）は若いですし、これで、いじめが行為として終わることを期待します。でも、**この子の中ではまだ終わっていません**」

この台詞《せりふ》は、実は、お母さんと私で事前に打ち合わせしたものだった。

「謝罪の会」は開かれたけれども、これですべてが終わったわけではないということを、しっかりと加害生徒側と学校に印象づけたかったのだ。かたちを変えた加害生徒からの報復の危険性は依然として残っているし、被害生徒の心が癒えたわけでもない。もしいじめが再開された場合、学校側への交渉の材料にもなる。

昨今の「謝罪の会」では、加害者側の謝罪が終わった後で、先生が両者に握手するように促すことが多い。

このときも、先生からお母さんに対し握手してはどうかと提案があったが、私は事前に、握手を求められたら断るようにとお母さんに伝えていた。被害を受けた子の心は癒えていないのだから、「謝罪の会」を学校にとって都合がいい「和解の会」にしてしまってはいけない。

全員が発言し終わると、担任が「これで終わります」と告げ、加害者側の生徒とそのお母さんたちが退出して、ものの30分程度で会は終わった。部屋を出る前に、リーダー格ではない加害生徒の保護者のうち2名が被害生徒とお母さんに近寄ってきて言った。

「簡単に許してもらえるとは思っていません。家庭でもちゃんと言い聞かせます」

一方で、自分の子供がいじめを行っていたというのに、一言も詫《わ》びることなく出て行く親も少なくないのが現実だ。この日も、リーダー格の生徒のお母さんは一言も発することはなく去っていった。

加害者側が退出した後で、担任の先生から、被害生徒とお母さんに対して言葉がかけられた。

「今回は来ていただいてありがとうございます。まだ許せないという気持ちは理解できますし、今後も継続して監視していきます」

「謝罪の会」はひとつのケジメではあるが、いじめの収束とはほど遠い。この先生の発言内容が学校全体で共有され、言葉どおりに実践されるなら、本当の意味でのいじめの収束が見えてくるだろう。

普段から味方を増やしておくと、いじめ相談もスムーズに

このお母さんのケースでは、担任の先生が理想的ともいえる働きをしてくれたことが、被害生徒にとっては幸いだった。しかし、すでに述べたとおり、先生へのアプローチひとつで、いじめの内容が同じでも学校の態度がまったく異なるものになる。

その意味でも、普段から先生と接点を持っておくと、なにか相談事があるときに話がスムーズに進む。先生も人間だ。仮に自分が相談を受ける立場になったときに、過去に親しく話したことがある人だと、緊張感なく話を聞くことができる。

知っている保護者から「先生、困っているんです」と言われるのと、授業参観や懇談会でしか会ったことのない保護者から相談を持ちかけられるのでは、おのずと心構えが変わってくる。

最近の公立小中学校は、「地域に開かれた学校」をうたっているところも少なくない。このような学校では、学校の教室を使用した、保護者サークルが開催されていることがある。陶芸、絵画や、読み聞かせなど、メニューはさまざまだが、このようなサークルに参

加すると、必ず、担当の先生がそこにいるので、先生との接点が増える。

ほかにも、授業サポーターという制度を取り入れている学校もあり、音楽の授業などで楽器を弾く役割を保護者から募集していたりする。

もちろん、先生と必要以上に親しくなる必要はないが、このような機会を利用して、普段から先生とかかわりを持っていれば、いざというときには役に立つはずだ。

保護者サークルや授業サポーターをやっていない学校でも、小学校では登下校の見守りボランティアは多くの学校で実施している。保護者が通学路で子供が安全に学校に通えるように誘導するのだが、ここでは、保護者同士の会話もできるし、先生も一緒になってやっている場合がほとんどなので、ここで先生に挨拶をしておくだけでも、顔と名前を覚えてもらうことができる。共働きの家庭では難しいと思うが、そうでなければ検討する価値はある。

まれに、保護者を講師に招いて仕事について講演してもらう、キャリア教育を実施している学校もある。このような教育を行う学校の数は少ないが、参加すれば何人もの先生と顔見知りになることができるだろう。

先生との接点といえば、授業参観や運動会があるではないかと思われるかもしれない。だが、そもそも授業参観や運動会というものは、先生も保護者も、朝から「よそ行き」の服装、態度で臨んでいる。だから、相手の人となりは見えてこない。

意外と見落とされているのが、地域の自治会活動だ。自治会に入ると地域の公園の清掃などをしなければならず、面倒くさいと思われるかもしれないが、公立の小中学校は学区制なので、これは自分の子供と同じ学校に通う保護者と知り合うチャンスである。地域に顔の広い人もいるはずだ。普段から、仲間を増やしておけば、いざというときに心強い。学校との相談がこじれたら、助けてくれることもあるだろう。

ほかにも、担任の先生と親がやり取りする連絡帳は、子供を守るために役に立つ。連絡帳になにかを書き込む義務はなく、先生からの連絡事項を見て、ただハンコをついて返すだけの保護者が多いが、連絡帳は親が先生に知らせておきたいことをなんでも書いてよいことになっている。

自分の子供にはどういう特徴があるのか、どういうところが弱くて、どういうところを伸ばしてほしいのか、先生としっかりコミュニケーションをとることは、子供を守るうえで基本中の基本だと思う。

たとえば、「この子はお調子者に見えるかもしれませんが、本当は気が弱いんです」とか、「外ではへらへらしているようですが、家に帰って泣いていたりします」といったことを書いたとする。

それを覚えていてくれた先生が、子供がクラスのみんなにからかわれている様子を目撃したときに「みんな、いい加減にしろよ」と声をかけてくれるかもしれない。そのような小さなことが、大きないじめに発展することを止めることがあるのだ。

先生も忙しいので、連絡帳に長々と自分の思いを書《か》き綴《つづ》ることは控えるべきだが、子供について伝えたい要点をシンプルに書くのはお勧めだ。

もちろん、連絡帳は子供も見ることができるのだから、そこに書いてあることを見て、子供が親に不信感を募らせるようではいけない。日ごろから親子の信頼関係を作っておく必要があるだろう。

ここまでは主に公立の話だが、私立の学校には、それぞれ独自の教育方針がある。保護者、先生、生徒が交流するイベントの有無や、プログラムの内容も学校によって異なるが、機会を見つけて参加するほうが望ましい。

第2章　【ケース別】モンペ認定されたときの対処法

第1章のケースは、スムーズに学校をいじめ対策に向かわせることができたが、些細《ささい》な行き違いで、学校がまったく対処しようとしなくなってしまうことがある。驚くべきことに、いじめの証拠がはっきりあるときでさえ、しらばっくれる学校が存在するのだ。保護者が迂闊《うかつ》なことをして「モンペ認定」されてしまったら、そこから挽回《ばんかい》するのは相当に困難になる。

この章では、学校側に「モンペ認定」されてしまったケースを紹介したい。対処法は3段階に分かれる。ステップ①では「担任／顧問が動かないとき」、ステップ②は「校長が動かないとき」、ステップ③は「教育委員会も頼りにならないとき」だ。

いずれも、組織としての学校を知り、彼らを支配する「力学」を理解することがカギになる。

ステップ①　担任／顧問が動かないとき

ひとつめは、先生が「居留守」を使ってまで、非協力的になったケースだ。

「私のやっていることは間違っているのでしょうか？」

夏休みも終わり2学期が始まったころ、公立中学1年生の娘を持つ母親から電話がかかってきた。そのお母さんは、学校で子供がいじめに遭っていることを知り先生に対策を求めているのに、取りあってもらえない、学校に電話をかけても居留守を使われると言う。実は、こんな経験をしている保護者はとても多い。

いじめがあるのに学校が対処しないのは、もちろん先生の怠慢だ。一方で、親が先生へのアプローチを間違って、担任に「あの親はモンスター・ペアレントだ」という印象を抱かせてしまい、先生が対処に真面目に取り組まない口実にされることがある。まさに、このケースがそうだった。

このお母さんの娘は、中学入学と同時に女子バレー部に入部したという。この学校のバレー部では、練習などは学年に分かれて行われていた。各学年にはリーダーとなる生徒がいて、リーダーが顧問の先生から必要な持ち物や練習のメニューを聞いて、ＬＩＮＥグループでみんなに伝えることになっていた。

入部当初は、そのグループでさまざまなやり取りが行われていた。ところがすぐに、この被害生徒のもとにはなんの連絡も来なくなった。女の子はLINE上で「だれもいないの？」と問いかけるのだが、答える者はいない。

実は、リーダーは新たに別のグループを作り、そこでみんなに連絡をしていた。他の1年生部員は、のけものにされている生徒がいることを知りながらリーダーに従っていた。またLINEを使用した仲間外れの話かと思われるかもしれないが、これが中学生ではもっとも多いいじめのパターンだ。

連絡事項を教えてもらえない女の子は、ひとりだけ練習に遅れたり、朝練がない日にひとりで早朝登校したり、練習道具を家に置いてくることになった。そしてある日、部活に参加するために学校の体育館に行ってみると、他の生徒が全員ユニフォーム姿になっていた。被害生徒だけがユニフォームを持ってきていなかったのだ。

「試合なのに、なんでお前だけジャージなんだ！　やる気があるのか！」

顧問の先生から怒鳴られてしまった。

たまらず女の子は「連絡を受けていなかったのです」と反論した。

「そんなことないだろう。スマホを持ってこい」と顧問の先生。

先生がスマホを確認すると、そこには女の子の「明日、試合あるの？」という書き込みがあったが、それに対する反応は残っていない。顧問はリーダーの生徒を問い詰めた。するとリーダーは涼しい顔をして「ごめん、間違えてブロックしてた」と答えた。

ＬＩＮＥのグループでは、特定のメンバーをブロックすることはできないから、これは明らかな嘘だ。だが、このことが40代男性の顧問には分からなかったようだ。

「今度から気をつけろよ」という一言で、その場は終わった。

女の子は、彼女がそれまではその存在を知らされていなかった、他の1年生全員が入っている、やはり「中1女子バレー」という名前の別グループに入れてもらうことになった。これで状況は変わるかもしれないと思い、文句は言わなかった。

しかし、新たなグループでもすぐに同じことが起こった。他のメンバーの発言はすぐに途絶え、リーダーと女の子が書き込みをするだけになってしまった。また別のグループが作られたことは明らかだ。

リーダーは「明日は体育館で練習します」と被害生徒に知らせてくる。だが、体育館のどこが集合場所なのか書いてない。練習メニューによって必要な持ち物は変わってくるが、登校中の朝8時に「今日はハイソックス持参」などの連絡が来る。連絡事項は伝えるが、わざと不十分な伝え方をして困らせるいじめ方法に変わった。

リアルではリーダー（加害生徒）に無視され、他の部員も被害生徒から距離を置いていた。このような状態で、被害生徒は加害生徒がＬＩＮＥで伝えてくる不完全な情報に振り回された。被害生徒は、先生に怒られないようにあらゆる事態を想定して、部員の中でただひとりだけ、部活に必要なすべての持ち物を巨大なバッグに詰め込んで登校するようになった。

夏休み、バレー部の練習がある日の朝、ついに被害生徒は自宅で倒れてしまった。朝食時、ダイニングでお腹《なか》を押さえて動けなくなってしまった。お母さんが慌てて病院に連れて行ったら、医師からストレス性の急性胃炎だと言われた。このとき、お母さんは娘の口から、中学入学以来、娘がずっといじめに遭っていたことを知らされた。

教師を社会人と思ってはいけない

事情を知ったお母さんの行動は素早かった。だが、それが裏目に出た。娘から話を聞くや否や、事前のアポイントもとらずに娘のスマホを持って学校に乗り込んでしまったのだ。校内で顧問の先生をつかまえて、バレー部員が見ている前で、娘から聞いたいじめの内容をまくし立てたのだという。

お母さんが言うには、1時間ほど顧問の先生と話したらしい。しかし、私が後で他の部員から聞いたところ、15分程度だったようだ。お母さんは時間の感覚も分からなくなるほど興奮していたということになる。乱暴な言葉は使わなかったというが、語気は荒かったのだろう。

この本を読んでいる方は、「自分はこんなことはしない」と思うかもしれない。しかし、自分の子が集団からのいじめに遭っていたと聞いて、冷静に行動できる親などなかなかいない。普段落ち着いて仕事のできる人が、子供のことになると人が変わる様子を何度も見たことがある。あなたも、同じような行動をしないとはかぎらない。

顧問にしてみれば、事前の約束もなくいきなり保護者が現れ、スマホをかざしてまくし立てたのだとしたら、かなり面食らうことになる。この段階でお母さんは先生に「モンペ認定」させる口実を与えてしまっていた。でも本人は、そのことに気づいていなかった。

「うちの子だけ、LINEから外されているじゃないですか」

娘のスマホを差し出すと、顧問の先生は、「リーダーに確認してみます」と答え、加害生徒を呼んだ。するとリーダーは、涼しい顔をして「それは私の責任ではありません」と言った。

「みんなはこの連絡内容で理解しているのに、○○さん（被害生徒）だけが理解していなかったみたいです」

顧問も、さすがにこの言い訳は不自然だと思ったのだろう、今度は、加害生徒に対して「それならお前のスマホを見せてみろ」と問い詰めた。

「それはプライバシーなのでできません」と加害生徒。

女子中学生にプライバシーという言葉を持ち出され、この中年男性教諭は、なにも言い返せなかった。お母さんに対しては、「いじめがあったのか調べてみますから、時間をください」と言うことしかできなかった。

お母さんは、当然、納得できない。そして顧問に対し「こうなったのは、先生の管理ミスではないですか」と追い打ちをかけるようなことを言った。

顧問はいじめをまったく把握できていなかったのだから、もちろん、これは先生の管理ミスだ。しかし顧問は、この言葉を自分に対する理不尽な攻撃ととらえた可能性がある。

1週間が経過しても、お母さんのもとには連絡が来なかった。お母さんは学校に電話したが、不在ですと言われ続けた。


2学期が始まっても顧問からの連絡はなかった。学校に電話するとやはり不在だという。だが、学校から戻っていた娘に聞くと、その時間に先生はいたという。居留守を使われているのは明らかだった。そして、このころから女の子は部活を休むようになっていた。

何度も電話しているうちに、一度だけ顧問に電話が通じたことがあった。そのとき、顧問は、「まだ分かりません。バレー部の部員は大勢いるので、みんなに聞かなければ分からないから、時間がかかります」と語ったという。

顧問はおそらく面倒だったのだろう。学校の先生は多忙をきわめているので、「余計な仕事を増やされた」「お母さんが根負けして、生徒が部活をやめてしまえばなにもなかったことになるからそれでいい」くらいに思っていたのかもしれない。

そして、「このお母さんはすぐに興奮するモンペなのだから、まともに取りあわなくてもいい」という思いがあり、それが対処しないことの言い訳になっていたのではないか。

このときに、お母さんは電話口で「いつまでに調べてもらえるのか、少なくとも回答期限を教えてください」とクギを刺した。

このお母さんは大学を卒業して一般企業で働いている人だった。社会人にとって、期限を区切るのは当然のことだ。しかし、顧問はこう答えた。

「娘さんが部活を休んでいても、内申書には響かないように配慮していますから」

お母さんはこの言葉を「あんまりしつこく言うと内申書に響くぞ」という意味の脅しだと受け止めた。このやり取りの後、彼女はユース・ガーディアンに電話をしてきたのだ。

「私、なにか間違ったことをしていますか？」

「いえ、一切間違ってはいません、社会人として当然のことです」と私は答えた。

実際、お母さんはなにも間違ったことはしていない。娘がいじめに遭っていると知り、学校の先生に対策を求めるという、親として当然のことをしただけだ。しかし私は、こう付け足した。

「ただ、学校の先生を普通の社会人だと思ってはいけませんよ」

証言してくれる味方をどう探すか

私の経験では、学校の先生がいじめ調査をする場合、どんな仕事にも期限があるという、社会人の常識は通用しない。それにしても、ここまで先生と保護者の間で対話が成立しなくなると、独力での解決は難しくなる。

そんなときにまず大切なのが証拠だ。今回は、ＬＩＮＥのスクリーンショットがあるかどうかが問題になる。いじめ被害に遭っていた女の子に話を聞くと、自分と加害生徒だけが書き込んでいたグループのスクショを撮っていた。

通常なら、これが決定的な証拠になる。これを先生に見せればいいし、先生の反応が芳しくなければ、学年主任といった上の役職者にスクショを示せばよい。

しかし、ここまで顧問との関係がこじれていると、これだけでは弱いかもしれない。顧問が、職員室で「モンペに困っている」といった話をしていて、お母さんの話にまともに取りあおうという雰囲気がないことも考えられた。いじめを傍観していた同じ学年のバレー部員の生徒たちから話を聞くことが必要ではないか、とお母さんに伝えた。

ではだれに聞けばいいのか。このようなときも、手当たりしだいに傍観者にコンタクトをとるのは危険だ。証言者の人選なのだから、慎重に進めなければならない。自分がいじめのターゲットになることを恐れ、貝のように口を閉ざす可能性もある。

また、コンタクトをとった生徒が、被害生徒がLINE外しについて嗅ぎ回っていると学校で言いふらす可能性もある。そうなると話はさらに複雑になるだろう。

被害に遭った子が部活を休んでいて、いじめっ子はターゲットを失っている状況だ。私が「次に標的になりそうな1年生はだれか」とたずねると、女の子は「背が高くなくて、運動も得意でない子がふたりいる」と言う。この子たちなら協力してくれるかもしれない。

しかし、ここでも慌ててコンタクトをとるのは良くない。このふたりの周辺情報が必要だ。女の子とこの2名は別のクラスだというので、私は女の子に「きみのクラスに、この

2名と接点があってバレー部に属していない生徒はいない?」と聞いてみた。すると、1名、同じ小学校出身の子がいるという。

私はお母さんと相談して、その子を頼りに、2名のうちのひとりにアプローチすることにした。当事者の傷を広げないようにいじめを収束に導くには、傍観者の協力をもらうときも、これくらい慎重に根回しをしたほうがいい。今回は、バレー部の子と同じ小学校出身だという同じクラスの子の仲立ちで、話を聞くことができた。

「ごめんなさい。LINEグループにいなかったから、練習に来られなかったんだよね?」

やはり彼女は、女の子がLINE外しを受けていたことをちゃんと知っていた。

お母さんと女の子は、「絶対にあなたには迷惑かけないから」と頼み込んで、もうひとつのLINEグループの画面を撮影させてもらった。

そこには、リーダーが女の子を名指しして「あいつと口をきくな」「あいつは(先生に)こびを売っている」「あいつを部活に来れないようにしてやりたい」などの書き込みが見つかった。これは明らかないじめの証拠となる。

職員室での「モンペ認定」を覆す

証拠が集まったので、お母さんは学校に電話をした。相変わらず顧問はいないということだったので、「顧問の先生に用があるのですが、電話に出ていただけないのでそちらにおうかがいします。いじめの状況が分かる資料がありますので、それをお届けしたい」と伝え、学校を訪問した。私もユース・ガーディアン代表として同行した。

学校に到着すると、職員室に顧問はいた。やはり居留守だった。顧問は最初、私を被害生徒の父親と勘違いしたらしく、相当慌てていたが、名刺を渡すと、今度は、ネットでユース・ガーディアンについて調べ始めた。顔面が青くなっていくのが分かった。

私は、資料を目の前に出して、顧問に「とりあえず、落ち着いてこの資料を見てくださいますか」と言って、ページをめくって資料を見せた。

しかし、資料を見ている顧問の表情からは、なんのことやらピンと来ていないことが読み取れた。私が「資料の意味が分かる先生でないと学校としても対処できないでしょうから、分かる先生とお話したいのですが」と言うと、顧問は無言のままだった。

ちょうどそのとき、職員室には副校長がいた。私が、「あそこにいらっしゃる副校長先生とお話できませんか」と言うと、顧問は「それは困る！」と語気を荒げた。私は、「それはあなたが決めることではないはずです」と告げて、お母さんと一緒に副校長の机の前に行き、「10分だけお時間をいただけませんか」と声をかけた。

副校長は、当初は明らかに私たちのことをいぶかしんでいたが、資料を見ずに追い返すような真似《まね》はしなかった。見るうちに明確ないじめだと悟り、その場に被害生徒のクラス担任も呼び寄せた。

お母さんは副校長に「もしリーダーの子が『プライバシーがあるので、ＬＩＮＥは見せられない』と言ったら、どうされるんですか？」とたずねた。

「他の部員に見せてもらえばいい」

いかにも呆気《あっけ》なかった。顧問がお手上げだったこのケースも、上司がまともな反応をしてくれたために、一気に解決に向かった。

このことは校長の耳にも入り、校長が事態を重く受け止めたため、学校としていじめ対策に乗り出すことになった。「謝罪の会」も行われ、バレー部ではリーダーが代わった。

のちに詳しく聞くと、同じ保護者から顧問に繰り返し電話があることは、他の先生も気づいていた。しかし顧問は「モンペに捕まってしまった」と周囲に吹聴《ふいちょう》していじめを隠していたようだ。もしお母さんが副校長に直訴していたとしても、強固な証拠がなければ相手にされなかった可能性がある。

ただ、そもそもお母さんが学校へのファーストコンタクトの段階で、副校長をうまく巻き込みながら顧問と冷静に話し合えたら、ここまで問題がこじれることはなかっただろう。繰り返しになるが、顧問に訴えるときにお母さんが仮に感情的になっていたとしても、それは仕方ないことだ。しかし、それでは問題解決に至らないのが現在の学校なのである。

LINEのスクショは必ず撮っておく

このケースでは、明白な証拠を示せたことが大きい。SNSでいじめを受けた場合、できるだけスクショを撮り、証拠として残しておく。これが鉄則だ。

LINEを使用したいじめを行う生徒の男女比は、4対6くらいで女子のほうが少し多い印象がある。ＬＩＮＥで、いじめっ子がいじめられっ子に対して「漫画買ってこい」などと指示していることもある。こんなやり取りは、即、いじめの動かぬ証拠となるので、必ずスクショを残したほうがいい。

ツイッターで悪口を拡散するいじめも多い。匿名のアカウント（裏アカ）を使用して、いじめのターゲットとなった生徒を実名で晒《さら》し、悪口を浴びせる。男の子なら「臭い」とか「バカ」というのもあるし、友人しか知らない秘密を暴露されることもある。女の子なら、「あの子は、友情より男」などというのもある。ツイッターの場合、アカウントを削除されると投稿した人物を特定するのは難しい。ツイッター社は、弁護士を立てて発信者情報開示請求しても、応じてくれないケースがほとんどだが、それでもスクショは残すべきだ。

というのも、発信者情報開示請求で加害者が特定できなくても、スクショが手がかりになることがあるからだ。ツイッターなどを使用したＳＮＳいじめに遭ったら、中傷に使用される裏アカだけでなく、裏アカのフォロワーもスクショしておく。そこに加害生徒本人のアカウント（本アカ）がある可能性が高い。

裏アカを、加害生徒の友だちがフォローしていることも多い。また、小中高校の友だちがSNSを通じて繋がっていることが多い。フォロワーの中に共通の友だちを見つけることができれば、その子から裏アカの主、つまり加害者を特定するための証言を得ることができるかもしれない。

裏アカのツイートのリンク先もチェックしよう。本アカが、裏アカと同じサイト（たとえば、同じニュースやコンサートのサイトなど）のリンクを張った投稿をしていることがある。

中高生はあまりフェイスブックを使わない。インスタグラムは頻繁に利用するが、カギのかかったアカウントで仲がいい友だちだけと繋がっている場合、そのアカウントでは、いじめに使用するツイッターのリンクは残していないケースが多い。

それでも、加害者側のフェイスブックやインスタグラムのアカウントが、ツイッターの裏アカがフォローする本アカとリンクしているケースがまったくないとは言えない。SNS上の裏アカをフォローしているアカウントを片っ端からチェックすれば、加害者を特定できる可能性がある。

いじめとは無関係の友だちに話を聞いたり、証言をもらったりする際に、スクショは強力な説得材料になる。

最近は、ミクシィやインターネット掲示板「2ちゃんねる（現5ちゃんねる）」を使用したいじめはほとんど目にしない。また、匿名のだれかが学校の裏サイトを立ち上げて、そこに悪口を書き込む一昔前のスタイルもなくなった。現在は、SNSという便利なツールがあるので、いじめの手段も完全にSNSに移行している。

SNSいじめが裁判沙汰になるケースは全体から見れば少ないが、SNSいじめを行う側は、大人であれば当然、名誉毀損に当たることをしている。加害者を特定して損害賠償を求めるということになると、否《いや》が応でも裁判沙汰になる。

そもそも、だれが書き込んだか突き止めるための発信者情報開示請求や削除請求、損害賠償請求は裁判所を通じて行う。このような手続きを進めるときは、その分野に詳しい弁護士に任せるのだが、その際も、スクショが有効な証拠になる。

スマホやパソコンの画面上に、日時が残るようにしてスクショを撮るのが良いが、保護者から「スクショを撮る際、どうやって日時を残すんですか？」という質問を受けることがある。子供のほうが親よりスマホについてははるかに詳しいので、分からないことがあれば彼らに聞くのが良いだろう。

ステップ② 校長が動かないとき

幸いにも、このバレー部に所属する女子中学生のケースでは、顧問の上司である副校長を通じて校長を本気にさせることができたので、いじめは収束した。校長は学校のトップだから、その人がいじめ対策をしようと思えば、ほとんどのいじめは収束する。

しかし、校長がまったくいじめ対策を講じようとしない場合がある。そんなときはどうするか？ ここからは、ステップ②「校長が動いてくれないときにどうするか」になる。

ある公立高校で、ひとりの男子生徒が、数名のいじめグループから殴る蹴るの暴行を受けていた。担任の先生はそれを知って、加害生徒を何度も注意していたが、担任は新任の男性で生徒から舐《な》められていた。担任は校長に相談した。

「そんなことより次の共通テストの準備はどうなっているんだ」

いじめよりも成績を上げることを優先しろということだ。のちに私が職員室で聞いたところ、このときの校長の言葉が広まり、職員室でこの問題に対処しようという雰囲気がなくなってしまったという。

生徒間で一方的な暴力事件が起きているのに、校長の意向ひとつで見ぬふりをするようになる。信じがたい話かもしれないが、残念なことに、いじめ相談を受けているとそれなりに聞く話だ。

こうなると、担任の先生にできることは限りがある。舐められているからといって体罰を加えれば事件となってしまう。この先生は暴行の現場を目撃したら、自分の身を盾にして被害生徒を守るようになった。だがこんな方法に効果はない。担任がいない場所で、以前よりも残酷に暴行されるだけだ。

男子生徒のお母さんは、担任の先生の力不足を見て、学年主任と校長に粘り強く手紙を書いた。

しかし、校長からは反応はない。学年主任の先生からも、具体的な対処についての話はなかった。困ったお母さんは、教育委員会にも同様の書類を送ることにした。

ネットでいじめについて検索すると、学校が頼りにならないときは教育委員会へ訴えようという記事をよく見かける。教育委員会は学校よりも上の立場なのだから、彼らを動かせば学校も重い腰を上げざるをえない、という理屈だ。

だが、こういうときに教育委員会を頼ることはお勧めできない。というのも、**教育委員会は校長の要請を受けて協力する立場**にあるからだ。つまり校長がいじめを認め、教育委員会に支援要請をしなければならない。校長が「協力は必要ない」というスタンスでいるかぎり、親から指摘があっても教育委員会は動こうとしないのだ。

私の経験でいうと、明白な証拠を添えたユース・ガーディアンの「意見書」を何度も送ったとしても、教育委員会から学校へ事実照会の連絡がいくのは4割程度だろう。6割は具体的な行動にならないのだ。しかも、学校に問い合わせがあったとしても、事態が好転する保証はない。後述するが、むしろ悪化することさえある。

ちなみに、小中学校は市町村区の教育委員会が所管し、高校は都道府県の教育委員会が担当する。ただこれは公立学校のことで、私立は教育委員会の管轄の外にある。

教育委員会のトップは教育長で、教育委員会の委員や役人だった人が多い。実務はほとんどこなすことはなく、名誉職のようなものだ。教育長の下に教育委員がいて、委員の中には元教員の人もいれば、PTA会長、地元の名士もいる。

教育長の任期は3年で、教育委員の任期は4年だ。教育長は常勤だが、教育委員は他の仕事をもっていて、必要に応じて会議に出席したりする。この人たちの仕事は、教科書の採用など許認可にかかわることがほとんどで、いじめ対策の実務に携わることはない。

いじめ対策に関係があるのは、あくまでも事務局だ。その責任者は多くの場合、役所の教育指導課の課長という肩書きの人になる。

多くの保護者は、教育委員会は校長の要請で動く立場にあることを知らない。教育委員会は、いじめ相談SOSの電話を設けていたりするので、それも無理はない。しかし、**教育委員会に対して強硬にいじめ対策を求めると逆効果**になることもある。

親が、教育委員会に直接出向いたり、電話をかけたりして、子供の惨状を訴えると、一応、担当者が話を聞いてくれる。そこで保護者は、担当者に学校名、子供の名前、担任の先生の名前、いじめの内容を話す。そして、その事実はすぐに学校に筒抜けになる。

同級生から暴行を受けている男子高校生のお母さんは、学校に相談して担任から「いじめについて調べてみます」との返事をもらったにもかかわらず、なかなか連絡が来ないので、教育委員会に直訴した。

すると担任の態度が一変した。それまでは「いじめについて調べる」と言っていた担任が、お母さんからの電話に対し「自分の権限ではなにもできないですから、上司に相談しています」と、のらりくらりと対応するようになった。これは後になって、「あのときこう言ったではないか」と言質をとられないよう警戒しているのだろう。

このように、教育委員会に持ち込むと学校の先生の態度がとたんに硬くなることがある。お母さんが教育委員会に直訴したことを理由に、学校はこのお母さんを「モンペ認定」してしまったのだ。

校長がダメなら人権擁護委員への申し立て

校長も教育委員会も頼れない。そんなときの手段として、市町村区の「人権擁護委員」

に**「人権侵害」の申し立て**をするという方法がある。

学校が文科省管轄なのに対し、人権擁護委員は法務省の管轄だ。同じ事実が、文科省から見ればいじめで、法務省から見れば人権侵害になる。人権侵害申し立てがあれば、学校はなかったことにできなくなる。この方法は、縦割りの役所に横串を刺すような方法だ。

人権擁護委員の中には、もともとは保護司だったという人もいて、子供のいじめに対して熱心に相談に乗ってくれる人も多い。親が窓口に出向いていって、証拠を提示し、いじめの事実を真剣に訴えれば、ほとんどの場合、「一度、調査してみましょう」と言ってくれる。こうなれば、学校は100％の確率で人権擁護委員から、いじめについての調査をしてくださいという要請を受ける。

だが、安心できないのは、この調査が担任の先生によって行われる場合が少なくないことだ。人権擁護委員が熱心な人物であれば、自ら学校に出向き調査することがある一方で、学校にアンケート調査などを依頼して、その結果を人権擁護委員に報告させるだけということもある。そんなときは、その学校の報告をもとに、人権擁護委員が、いじめ（人権侵害）が存在するかどうかを判断することになるので、学校の意向に左右されることが多い。

人権擁護委員が自ら調査を進めてくれるのか、それとも学校の先生に任せるのか、保護者が事前に予測するのは難しい。

しかし、ここまでやれば保護者やユース・ガーディアンの意見書を無視していた学校も、おおむね8割の確率でいじめの存在を認めるようになる。そしてなんらかのいじめ対策が講じられる。だが、信じられないことに、約2割の学校はいじめはなかったという証拠を必死で集め始める。その結果、人権擁護委員もいじめを認定できないということになる。どんなことがあっても、いじめを隠蔽しようとする学校は一定数存在するのが現状だ。

ステップ③　教育委員会も頼りにならないとき

しかし、頑としていじめ対策を講じようとしない校長、そして教育委員会を本気にさせる方法がある。ステップ③にいこう。

その方法とは、教育委員会や学校が保管している「**個票**」**などの、児童・生徒本人の記録文書の開示請求**だ。

「個票」は聞き慣れない言葉かもしれない。これは個人調査票といい、公立学校に通う児童・生徒一人ひとりの記録のことだ。成績や欠席日数など、個人の基本的な情報が記録され、学校から教育委員会に提出される決まりになっている。学校は、もしいじめを認知したら、その記録を文書にして残さなければならない。これが「個票」に代表される児童・本人の記録文書だ。

だから、もしあなたの子供がいじめられて学校の先生に相談したら、学校はその事実を記録した文書を保管していなければならない。

基本的に個票は教育委員会に保管されているが、いじめなどの記録を残した文書は、教育委員会が保管している場合と、学校が保管している場合がある。

私は「子供がいじめに遭っているので、学校に相談したが、学校はなにもしてくれない」という保護者からの相談を一年中受けている。そんなとき、まずは保護者がいじめの具体的な内容を把握して記録しているか、そして学校とのやり取りを記録しているかを確認する。

親が記録をとっていれば、その記録をもとに、学校に対してユース・ガーディアン名でいじめ対策を求める意見書を提出する。それでも学校が動かないときには、保護者に、教育委員会に対して個票とその関連資料の開示請求をするように勧めている。小中学校なら市町村区の、高等学校なら都道府県の教育委員会が管轄だ。

情報開示請求は、市町村区や都道府県の情報開示の担当窓口で行う。教育委員会には、情報開示を受け付ける窓口は存在しないからだ。

役所の窓口で「個票とその関連文書の開示請求をしたい」と言うと、必ず担当の職員から「どの個票ですか？」とたずねられる。しかし、保護者からすれば事前にはどんな名称の個票や関連資料があるのか分からないのだから、そう言われても困る。

ひとりの子供に対して、個票やその関連資料は何種類も存在している。「いじめに関する児童生徒の記録」とか「不登校等調査票」という名称が付けられているのだが、公開請求する側には、その名称は分からない。

そういうときは、「**自分の子供に関するものすべて**」と言うと良い。このように請求すれば、教育委員会にあるものも、学校だけが保管している文書も、その子に関する個票と関連資料のすべてが開示されるのだ。

ほとんどの自治体の情報公開条例では、開示請求があった場合、たいていは15日以内に開示するかどうかを決定しなければならないと定めている。しかし、ほとんどのケースで、30日から60日かかってしまう。「量が多い」などの言い訳をして引き延ばしてくることが多い。

なぜこんなことになるのかといえば、保護者からいじめ相談を受けたら、学校はそのことについての記録を作らなければならない。だが、実は先生たちが記録を残していないことが多いのだ。特に、いじめ対策を怠るような学校ではなおさらだ。

しかし個票とその関連文書は公文書で、公立学校は当人や保護者から開示を求められれば、基本的に拒めない。

開示まで時間がかかるのは、請求を受けて市町村区や都道府県から教育委員会に連絡がいき、そこから学校に問い合わせがあり、先生たちが慌てて記録を作成しているケースが多いからなのだ。

公立学校の先生がいじめの記録を残していないとなると、必要な措置を講じていないのだから、いじめ防止対策推進法に違反していることになってしまう。そのため慌てて作成し始めるのだが、ほとんどの場合、いじめの内容や保護者が相談した日時が違っている。内容も間違っていることが多い。

それを担当者に指摘し、**「間違っているので訂正してほしい」と言うと教育委員会は大慌ての状態になる。**公文書の修正を求められると、職務怠慢が公になってしまい責任問題に発展する、ということを考え始めるからだ。

ここまでやれば、必ず教育委員会から校長に対し「しっかり職務を遂行してください」という連絡が入る。いじめを隠蔽していた校長は、それまで秘密にしていたことが、人目に晒されてしまうことに怯える。公務員として自分が責任追及されるかもしれないと思ったとたんに、彼らは本気で慌てだすのだ。

保護者に対して、教育委員会から「ちゃんと報告書を作り、いじめの事実を明らかにし、学校に対処させます。これ以上追及するのは勘弁してください」といった連絡が来る可能性が高い。

教育委員会の職員たちは、「職務怠慢」が問題となることだけは避けたいと思っている。「教育委員会のほうで報告書を作りますから」とか「もう一回調査しますから」とか、あるいは「学校で、いじめについて無記名のアンケートを取り直します」と言ってくることもある。

ここまでやれば、だいたい6～7割の確率で教育委員会の職員が直接学校に赴き、いじめ対策を講じるように指導を行うことになる。たいていの場合は、教育委員会の職員たちが学校に押しかけてくるので、学校も真剣にいじめ対策を講じるふりをせざるをえなくなる。その様子を見た加害者たちも、「これはまずいな」と思う。

先生たちは、被害生徒やその保護者に対して心の中では、「大騒ぎしやがって、面倒くさいな」と感じるかもしれない。だが同時に、加害者に対しても「こいつが問題を起こすから、こんなことになるんだ」という思いが湧いてくる。ここがポイントだ。

これまでいじめを訴える生徒や親に対しネガティブな感情を抱いていたとしても、今度は加害側に対し同じことを思うようになる。「この生徒のせいで、忙しいのに余計な手間をかけさせられている」と考えるようになるのだ。

当然、先生たちは加害者たちに厳しく接するようになり、加害生徒とその親に対して強く指導するようになる。私が相談を受けたクラスメイトから暴行を受けていた男子高校生のケースでも、この段階でいじめは沈静化した。

これまでの経験でいえば、ここまで来れば、それまでいじめ対策を渋っていた学校でも、7割は解決に向けて動き始める。だが、驚くべきことに、間違った文書を提示し、自分たちの職務怠慢があからさまになっても、「なにも問題がない」と言い張る学校も存在する。そのような場合は、加害者が悪質であれば警察に相談する（その方法については、第4章で具体的に説明する）、または、わが子を守るために転校させることも考えざるをえない。

また、個票や関連文書を請求しても、黒く塗りつぶされた書類が開示されることがある。一部、ほかの生徒のことが書かれているところが塗りつぶされているなら仕方ないが、全面的に黒塗りの文書を出して、それ以上の請求に応じない自治体や学校も存在する。こうしたときも、警察に相談するなどの方法を検討することになるだろう。

ステップ①「担任／顧問が動かないとき」、ステップ②「校長が動かないとき」については、私立でも公立でも通用する。

だが、ステップ③の個票などの児童・生徒本人の記録文書の開示請求は、私立校では役に立たない。そもそも、私立校に通う生徒の個票は教育委員会には存在しない。いや、厳密にいえばあるのだが、それは入学時の「○○○○さんという生徒が○○校に入学しました」という程度の記録に過ぎない。学校に対していじめなどの問題行動に関する文書の開示を求めても、応じないことがほとんどだ。

私立は個々の独立性が高く、学校によっていじめ対策も違う。私立校でのいじめ解決の方法は、第4章で説明したい。

第3章　8割の親が気づかない、いじめの「兆候」

ここまで、いじめが分かったらどうやって学校を動かすべきかを説明してきた。その際、もっとも大事なことは、親がいじめの証拠を整理して示すことだ。

本来なら、いじめを確認するのは学校の先生の役割だ。しかし、今の先生はとても忙しい。人手不足の中で朝から夜まで働き、疲弊している。彼らが率先して証拠集めをしてくれるかどうかは、運しだいということになる。

そのため、親が証拠を探し出さなければならない。そのタイミングは早ければ早いほどよい。初期の段階で手を打つほうが子供のダメージは少なくて済むし、証拠も集めやすい。しかしそれには、親がいじめに気づかなければ意味がない。だが、わが子がいじめに遭っていてもそのことに気づかない親が実に多い、というのが実態だ。

ユース・ガーディアンが中高生の保護者約600名を対象に行ったアンケートでは、「いじめに遭ったら自分に相談してくれるはず」と答えた親は全体の89％に達した。しかし、実際にいじめを受けている子供から相談を受けたことのある親は、約20％だった。8

割の親は子供から相談すらされない。

いじめのバリエーションには、仲間外れ、無視、からかい、暴力、物壊し（持ち物や衣類の毀損）・物隠し（盗難）、カツアゲ（金品の要求）、性暴力を含む性的ないじめがある。性的ないじめは小学生では少ないが、その他は小中高校生に共通する。中高生になるとSNS上でのいじめも同時進行する。

このようないじめに遭っている子には、必ずその兆候が現れる。しかし、親はそのシグナルをまったくつかめていないのが現状だ。この章では、そのシグナルについて説明していきたい。これから説明することはごく当然のことに見えるかもしれないが、いざ当事者になると親はこういったことすら見落とすものなのだ。8割の親が見落とすシグナルを見ていこう。

リビングでカバンを開けなくなる

子供が割れた筆箱を使っていたり、教科書が不自然に汚れていたり、学校で渡されるプリントが破れている。服に落書きされたり、ランドセルの留め金が壊されている。このようなケースではすぐピンとくるだろう。このような物壊しは小学校男子に多いが、女子に起きないわけではない。

親が壊れている子供の持ち物を見て「どうしたの」と聞いても、いちばんありがちな答えは「別に」だ。いじめられていることを悟られたくないというプライドから、平静を装おうとする子も多い。

普段、リビングでランドセルの中身を広げていた子が自分の部屋でしか広げなくなったら、物壊しの被害を隠そうとしている可能性がある。

小学生は男女とも、いじめられて靴を盗まれたり隠されたりすることがある。特に理由がないのに帰宅が遅いときは、靴を隠されたのかもしれない。靴がなくなれば学校から連絡が来ることが多いが、これはいじめの典型例だというのに、先生がことを荒立てたくないからなのか、本人がどこかに置き忘れたとして処理されることも少なくない。

男子の場合、暴力を受けて体にアザを作ってくることもある。アザが多い部位は腿《もも》やお腹だ。眼鏡がねじ曲がっていることもある。腿にアザを作っている子に、「どうしたのか?」と聞くと、だいたい「転んだ」などと嘘をつく。

転べば、腿を打つよりも先に手を突きそうなものだから、手にもアザや傷がなければおかしい。腿にアザがあるならだれかから執拗《しつよう》に蹴られた可能性が高い。子供の言い訳を注意深く聞けば、その矛盾に気づくはずだが、驚くべきことに見過ごす親が多い。

暴力的ないじめは中学生がいちばん多い。高校生になると見つかったら内申書の評価に響くとか、犯罪に当たるということを理解し始めるので、減ってくる。ただ、男子の体育会系の部活では話は別だ。かなりひどい暴力を継続的に受け、中には子供がケガをして帰宅するケースもある。

学齢が上になればなるほど、子供の嘘は巧妙になる。中高生になると、ただ「転んだ」ではなく、「体育館の外階段で転んだ」などと言うようになる。だから親はうっかり信じてしまうが、本当にその場所でどんな転び方をしたらそんなアザができるのか、注意深く聞けば必ず不審な点が見つかる。

女の子の場合、男子より殴ったり蹴ったりされる頻度は低い。そのため男の子ほど分かりやすいかたちでは兆候は現れない。集団で押さえつけられたり、いじめられてトイレに逃げ込んだ際、上から水をかけられたりということがある。

学齢を問わず、いじめられている子供は精神的に不安定になる。男子はイライラして、言葉遣いがぞんざいになったり弟や妹に当たったりするようになる。逆に、普段よりおしゃべりになることもある。普段は居間で両親と話す子が部屋に入ったきり出てこなくなったら、それは典型的ないじめの兆候だ。

小学生も高学年になるとスマホを持ち始める。普段は居間でスマホを見ていた子が、自室に閉じこもってスマホを見るようになったら、気をつけて日ごろのふるまいを見るようにしよう。

中高生になると、ほとんどの子が自分のスマホを持っている。この学齢になると、LINEでの仲間外れ、SNSなどでの悪口が、学校での仲間外れ、暴力などのリアルのいじめと並行して行われる。こうなると24時間いじめが止まることはない。

今の高校生はツイッターのアカウントを五つくらいもっているのが当たり前だ。それらの匿名のアカウントを使って、被害生徒を実名で誹謗《ひぼう》中傷するいじめも多い。

様子が変だと思ったら、ネットで子供の名前やあだ名を検索してみてもいい。中傷している投稿が見つかるかもしれない。

「○○くんと遊びに行く」が「友だちと遊びに行く」になる

いじめに遭っている女子の場合、いじめに関連する本を読み出したり、ネットでいじめ問題について検索し始めたりする子が少なくない。自宅のパソコンが共用なら、履歴を見ても良いだろう。

男女とも、普段「○○くん（さん）と遊びに行ってくる」と言っていた子が、友だちの名前は伝えずただ単に「友だちと遊んでくる」と言い出したら、なにかを隠している可能性がある。大人でも、浮気など隠し事をしていると、今日だれといたのかを曖昧にしたい気持ちが働くが、その心理に似ている。

いじめ集団からお金を要求されている子供は、やたらと理由をつけて小遣いを欲しがるようになる。今の子は、お年玉などを貯《た》めてなかなかの貯金を持っているものだが、私の経験からは、男子より女子のほうが、小さなころから経済観念が発達している印象がある。その女子が急にあれこれ口実を使って小遣いを欲しがるようになったときは、すべての貯金をいじめ集団にとられてしまった後というケースが多い。

継続的ないじめを受けている子供は、9割の確率で学校の成績が下がる。通知表で4と5ばかりだった子がオール3になったりする。親からすれば「勉強をサボっている」ように見えるので、子供を叱る人もいるが、いじめによるストレスで、勉強が手につかないことがあるのだ。いじめの影響かサボりかの見極めは難しいが、気をつけて見てほしい。

朝起きられない、学校に行きたくないという子も増える。実際にお腹が痛くなる子もいる。理由をつけて学校を休みたがる。学校でも保健室にいる時間が増える。長期のいじめに遭っている子ほどそうなりやすい。これは特に、小学校の高学年や中学生に多い。

発生頻度は非常に低いが、中学生からは性的ないじめも起こる。レイプなども非常にまれだが、ないわけではない。いじめ集団に裸の写真を撮られるケースもある。このような性犯罪ともいえる行為を女子生徒が指示して男子生徒にやらせることもある。

被害を受けた子のストレスは甚大なので、本人の様子は明らかにそれまでと変わるはずだ。家庭内で、突然、泣き出したりひとりでお風呂に閉じこもったりする子もいる。

男子だと、みんなの前で自慰行為をさせられるケースは、小学生くらいから起きる。それ以外にも、いじめでオシッコを我慢させられたりする中で、洋服や下着を汚すこともある。男の子でも女の子でも、下着や洋服を家族に隠れてひとりで洗い出したら注意が必要だが、これは成長に伴ってのものであることもあるので、一概にはいえないのがこの問題の難しいところだ。

暴力的ないじめは大人の目から見ても悲惨に映る。だが、仲間外れなど大人から見れば軽微に思えることでも、長期間にわたると自傷行為が始まる場合がある。特に女の子に多いのだが、リストカットを繰り返す子もいる。最初は手首の内側をカッターやカミソリで切るのだが、馴《な》れている子は二の腕の内側を切る。傷が浅いため傍目《はため》には分かりづらく、なかなか気づかない親もいる。

まれに、学校でいじめられていて、家庭での親に対する態度が良くなる子もいる。それまでは父親に対してぞんざいに接していたのに、「おはよう」の挨拶をするようになったりする。

長期のいじめで精神的に追い込まれ、本人の中で、自分の運命は変えられないという、ある種の「悟り」のようなものが芽生えてしまい、漠然と「死のうかな」と思っているときに見られる現象だ。わが子の人間的成長の結果「良い子」になっているのか、それともこのような事情なのかは、その子の日ごろの行動をつぶさに見て判断するしかない。

ここまで列挙してきた兆候がひとつでもあれば、いじめの可能性があるので気をつけてもらいたいが、例外がある。

それは、子供が恋愛をしているケースだ。最近は、彼女、彼氏ができたら親にちゃんと報告する子が多い。だが、女の子にかなり年上の彼氏ができた場合や、相手が近所で悪い評判がたっている男性だったりすると、親には言いづらい。男の子でも親に隠れて恋愛していることはある。ウキウキしてしまう恋愛といじめとでは態度が大きく変わりそうなものだが、隠し事をしてどことなくソワソワしている感じを正確に読み取れない親は意外と多い印象だ。

いじめを疑っていたら、子供から「好きな人ができた」と言われたケースも実際にある。だが、中にはいじめに遭っていることを隠すために、恋愛を装う子もいる。親は、子供が恋愛だと言っても、そうでない可能性は頭の中に残しておいて良いだろう。

ここまで述べたことで、奇抜な話はひとつもなかったことと思う。「言われなくてもこれくらい分かっている」という親もいるだろう。しかし、改めて考えてほしい。たとえば、**わが子は3カ月前と今ではどう違うだろうか。半年前と比べるとどうだろう。**子供は日々成長するものだが、その変化をあなたは正確にとらえることができているだろうか。子供のことをきちんと見ていない親が多すぎるというのが、ユース・ガーディアンでの事例から受ける私の印象だ。

子供の様子を5W1Hで観察し記録する

兆候に気がついたとしても、いきなり「いじめられているのか?」と聞いても意味がない。普段から子供との関係がきちんと築けている親なら良いが、そうでなければ子供から嘘をつかれるだけだ。

そんな親に対して私は「まずはお子さんと話し合いをするためのきっかけを作ってください」、具体的には、「お子さんの行動で違和感があったときは5W1Hで様子をノートに記録してください」と言っている。いつ、どこで、だれが、なにを、なぜ、どのようにしたの、5W1Hだ。

なお、第1章で述べたように、子供がどんないじめを受けたのか聞くときも、同じように5W1Hで聞き出すことが重要になる。これが学校に説明する際の材料になるからだ。

こういった下準備なしに「なにか問題でもあるのか」と子供に聞いても、「ない」と答えが返ってきて終わりだろう。イエスかノーかで答えられる質問をしても「ノー」しか返ってこない。親が迂闊に学校の先生に話したら、それがいじめる側に伝わり、いじめがエスカレートするかもしれない。子供は、そんな恐怖感を抱いているからだ。そんな子供の心を開くには、**親が最初に違和感をもった日から記録をつける**ことが有効だ。

水曜日、理由もなく帰りが遅かった、普段から仲が良いはずの友だちの様子をたずねたとき表情が強ばった、無言で部屋に閉じこもって出てこなかった、など些細なことにも注意してほしい。違和感を持った出来事はすべて記録する。その出来事があった日時が思い出せなければ、その日にオンエアしていたテレビ番組とか、その日は塾の日の前後だった……など、周辺の情報を頼りにできるかぎり日付を特定し、記録してほしい。

親は部活、塾など子供の交友関係や活動範囲をある程度把握しているだろうから、こうやって情報整理を行っている段階で、思い当たることがあるかもしれない。「毎週塾がある日に引きこもりがちになるのだから、もしかしたら塾に一緒に通っている仲間との間でトラブルがあるのかもしれない」というように。

また、子供の行動をちゃんと記録すれば、子供に対する問いかけも変わってくる。単に「なにかあったのか?」と言うのではなく、「最近、様子がおかしいよ。先週はこんなことがあったよ」と話せば、子供に対して「私はあなたのことをちゃんと見ているからね」というメッセージを送ることができる。

子供だって、「実は……」という言葉が喉まで出かかっている。いじめられている子は、ひとりで心の中に苦しみを抱えながら、だれかに相談して楽になりたいと思っている。にもかかわらず相談相手として親を選ばないのは、信用していないからなのだ。

忙しいビジネスパーソンは子供をクライアントに見立ててみる

両親がいる家庭なら、お母さんとお父さんで役割分担をしてもいい。家庭にいる時間が長いほうの親が、子供と一緒にいる時間も長くなる。それがお母さんなら、お父さんよりはある程度、子供と気心が通じているだろう。

お母さんであれ、お父さんであれ、一緒にいる時間が長いほうの親が、まずは直球勝負で「あなたの様子がちょっとおかしいということは気づいているから、なにかあるなら聞くから話してほしい」と語りかけてみる。

子供と一緒にいる時間が短いほうの親は――仕事が忙しいお父さんがその典型だが――そもそも子供との距離感を測ることに苦労している人が多い。だとしたら、距離感が遠い親は、**一気に距離を縮めようという無理な考えを捨てて**、違うアプローチをしてみるのがいい。具体的には、言葉遣いは親子の会話であっても、心の中で子供を自分の仕事上のクライアントだと思って接してみるのはどうだろうか。

たとえば、お母さん（お父さん）と子供の会話に横から参加して「お母さん（お父さん）から話を聞いて、自分も調べてみたんだけど」と切り出し、どうしていじめを疑ったのかを論理的に説明すればいい（ここで５Ｗ１Ｈの記録が役に立つ）。そのうえで、「いじめ防止対策の法律があってね、学校にはいじめに対処する義務があるんだよ」と続ける。

こうやって、子供と距離が近いほうの親とは別の役目を担うのだ。ビジネスの第一線にいる人なら、ここ一番のプレゼンに臨むときには、相手のことや関係する法令について事前に調べて準備するはずだ。相手がいじめに悩むクライアント（お子さん）なら、いじめ防止対策推進法のことや、その子が通う学校のいじめ防止方針など当然、頭に入っていなければおかしい。

「子供と会話が成り立たない」と嘆いている忙しいビジネスパーソンには、「あなたは最大のクライアントに対して払う注意を、自分の子供にも払っていますか？」とたずねたいところだ。

なお、子供が極端に不安定で精神的に荒れていたら、話し合いを中断してもいい。

会話の途中で、もし子供が片方の親にだけ話すそぶりを見せれば、もうひとりの親は途中で席を外しても良い。このように両親が役割分担しつつ、臨機応変に話し合いを進めていけば、お子さんの硬い殻も徐々に柔らかくなっていくだろう。

不登校はよし、ひきこもりはダメ！

小中高校生に共通することだが、いじめに遭っている子は、かなりの確率で学校に行きたがらなくなる。「学校に行きたがらない子供をどうすればいいのか？」という質問もよく受けるが、私の答えは「原則、不登校はよし、ひきこもりはダメ！」だ。

いじめられている子は「お腹が痛い」と言ってみたり、朝すごくモタモタして身支度が間に合わないようにするなどして、学校に行きたがらない。本当に身体が動かないこともある。なにを言っても無反応で、結局、学校に行かない。

子供に「調子が悪いなら病院に行く？」とたずねると、子供は「調子は悪いけど、病院には行かない」と返してくる。

ここで、学校でいじめに遭っているかもしれない子を、なにがなんでも学校に行かせようとするのは良くない。いまだに、どんなことがあっても学校に行くことが善だと信じて疑わない親もいるが、その子がいじめに遭っていたら、それは善ではない。

行きたくないことには理由があるはずだ。その理由を聞き出せればいいが、不登校が始まった時点では、子供は教えてくれないかもしれない。それでも、どちらかの親が「行かなくてもいい。2、3日休もうか」と言ってやれば良い。

学校に行けなくなった子というのは、心を壺《つぼ》にたとえるなら、もうストレスでその壺が満杯になってあふれ出している状態になっている。ひとりで家に置いておくと、自傷行為が始まる危険性もある。自傷行為は馴れない子が行うと致命傷になることもあるので、子供が自宅にいる間は、どちらかの親が一緒にいてやることが望ましい。

もちろん本人が、体調が悪いから学校に行かないという場合は、仮病の疑いがあったとしても、親は全面的に信じたふりをして病院に連れて行って検査をさせたほうがいい。本当に病気だという場合もありえる。検査の結果、なにも異常がなくても子供を咎《とが》めてはいけない。

学校を休むことで、子供は心のストレスを少しだけ減らすことができる。しかし今度は、本来は行くべき学校に行っていないという理由で、本人が無言のプレッシャーを感じるようになる。2、3日経《た》てば、「嫌がらせをしてくる奴《やつ》がいる」とか、「先生と折り合いが悪い」とか、行かない理由を語り出すかもしれない。

この段階で保護者からユース・ガーディアンに連絡が来ることが多い。「いじめで子供が不登校になったのです」と。しかし、親はいじめの内容のすべては把握していない。そのような状態で登校拒否している子供と会うことがある。そんなとき、私は子供にこんなことを言う。

「学校に行ったらいじめられるから、行きたくない。それはよろしい。分かったよ、行かないことはいい。が、勉強はしよう。学校に行かなければ成績が下がる。もちろん人間、学校の成績がすべてではないといっても、成績が下がれば、将来きみが困ることになる。いじめられて成績まで下げられてしまったのでは、たまったものではないではないか。そうだろう？」

不登校になったある中学2年生の、男子生徒の親御さんの相談に乗ったときは、真っ先にその子の成績表をチェックした。その子は不登校になった時点で、学校の勉強について行けない状態だった。前述したように、いじめられると成績が下がる子が多い。そこで、その子には理解できる範囲の小学5、6年まで遡って、毎日ドリルをやるように指導した。

学校に行けなくなった子は、塾でもいじめられていて、塾にも行きたがらないケースが多い。しかし、学校に行かなくても塾には行くという子もいるので、そういう子の場合は、塾には行かせることをお勧めする。

いじめに遭っている子は成績が下がるが、不登校でさらに成績が下がれば、それを理由にさらにいじめられる。まさに悪循環だ。その反対に、学校で成績トップの子供が不登校になる可能性はとても低い。

自宅で真面目に勉強するうちに、徐々に苦手だった科目が理解できるようになると、子供には、自信が芽生える。学校に行けない状態を作った連中に負けてたまるかという思いが頭をもたげてくる。勉強がきっかけで、いじめを克服できることもあるのだ。

「どんなことがあってもあなたの味方よ」が逆効果な理由

「うちの子供は母親とは口をきくが、父親とは会話しない」という話をよく聞く。こう聞くと、お母さんになら子供はなんでも話すと勘違いしてしまう。

だが実際には、子供との関係が近すぎても、子供の側に遠慮が生まれることがある。子供の側に、良好な関係を傷つけたくない、親を失望させたくないという心理が働き、いじめに遭っていると言い出しにくくなるからだ。やはり理想的なのは、片方の親だけが子供と話すのではなく、両方が子供の話を聞くというスタンスで臨むことだ。

子供との会話のきっかけが見つからないという人は、いきなり学校のことを聞くのではなく、まずは子供とはまったく関係のない話をしてみるのもひとつの方法かもしれない。

職場での出来事、中学のときにすごく怖い先生がいたとか、自分の親がどんなことを話してくれたかという思い出……話の内容は本当になんでも構わないが、作り話はいけない。子供は親が思う以上に敏感だ。作り話は必ずバレるし、本当のことでなければ、会話をしている実感も湧かない。

親が自分も理不尽な扱いを受けたことがあるという話をすることも、いじめに遭っている子供を会話に導き出す手段としては有効だ。たとえば、お母さんがＰＴＡで経験した話でもいい。

「ＰＴＡで去年と同じことをやるというから、なにか面白いことをやりたいのだけど、特に思いつかないのよね。去年からやっている人が『以前はこうやりました』って言って決めてしまうんだけど、お母さんもなにか言いたいんだよね」という話でもいい。

ただ、そこで親が自己否定するような言い回しはNGだ。たとえば、「結局自分が悪かった」といった表現は使うべきではない。それを聞いた子供は、「自分が弱いのは親からの遺伝か」と思いかねないからだ。

肝心なことは、親がひとしきり話した後で、**子供に「お前なら、どうする?」と水を向けることだ。**そのようにして、子供が話しやすい環境を作ることだ。

理不尽な思いをした経験を話すのは、親も完璧ではないことを伝えることでもある。親は、知らず知らずのうちに子供の前で大人を演じている。無意識のうちに、大人イコール完璧でなければならないと思っているところもある。情けない部分は見せてはいけない、それが親の務めと思っている人がいる。

しかし、大人が完璧で間違いを犯さない存在であることは、子供にとってはプレッシャーにもなる。親は自分の喜怒哀楽を子供の前である程度表して良いのではないかと私はつねづね思っている。

親にはなにも語らなかった子が私にいじめの内容を話してくれたとき、こんなことをたずねたことがある。

「なんでお父さん、お母さんには言わなかったの？」

子供はほとんどの場合、「迷惑がかかるから」あるいは「ぼく（私）には関心がないから」と答える。

お父さんもお母さんも、家に帰ってきたら、同じ部屋に子供がいても、まるでそこに子供が存在していないかのように、大人同士の会話をしている。お父さんは、時々「おまえ今度はいつテストがあるんだ」くらいのことしか言わない。子供はそんな親の姿を観察している。これでは、子供の側から見れば、親と自分の間に高い壁が存在していると思っても仕方がない。

これまで何度も、「子供になんと言うのがいちばん効果的ですか？」という質問を受けてきた。ある教育評論家が、「いじめられている子を抱きしめて『どんなことがあってもあなたの味方よ』と言うべきだ」と主張しているのを見たことがある。たしかに、普段からコミュニケーションが良好なら、その行為は機能するかもしれない。だが、普段から子供との会話がない親がそれをやったら、子供はどう感じるだろう。

「これは、だれかに言われて演じているんだな」と思う可能性が高い。あるいは、「自分（子供）をダシにして、なにか自分（親）の願望を叶《かな》えようとしているんだな」と考えるかもしれない。つまり、会話の下地がない関係性で、親がこんなことをやっても、子供は真に受けないということだ。

友だちのエピソードとして、自分のことを語っているケース

子供が「友だちが……」と話すとき、実は自分のことを述べていることがある。これは女の子に多い。

「友だちがちょっと無視されているんだよね。みんなでいても、他の子がその子には分からないような話をして、独りぼっちになった感じになるよう仕向けているんだ」と言ったら、本人がそんな目に遭っているのかもしれない。

子供がそんな話をしたら、一緒に解決策を考えてあげるのがいいだろう。すぐに答えを提示すると子供の側に軽くあしらわれたという感覚が残ってしまうので、結論を急ぐのではなく「一緒に考える」という姿勢が大切だ。友だちのために親と子で知恵を絞る、とい

うことで意見を出し合うのだ。

私は、子供が家の外では言えないことも家の中では言える親子関係を築くことが、いじめの早期発見に繋がると思っている。だから〝子供は多少、内弁慶のほうが良い〟が持論だ。内弁慶すぎて家庭内暴力に発展しては困るが、そうでなければ、親が普段から子供のストレス解消のはけ口になってやれていれば、子供は、安心して親に自分の本当の姿を見せる。

幼稚園に通うようになると家庭外でもしつけが始まる。私は、別に家庭でのしつけをおろそかにしていいというつもりはないが、家庭でのしつけは幼稚園よりも多少緩いほうがいいと思っている。

何時になったら歯を磨くとか、ご飯の後は歯を磨くとか、ずっと同じ行動を続けていると習慣になる。毎日その時間になったら、親が歯ブラシと歯磨き粉を子供に渡していれば、やがて子供は歯を磨かないと気持ち悪いと感じるようになる。自分から歯を磨くようになったら「できたね！」と言って褒めてあげればいい。

勉強に関しても、たとえば夕ご飯を食べた後7時になったら何時までは勉強しようと提案し、子供と話し合ってそうするように決めたら成績が上がった、などという話を私はよく聞く。そんなときは、親はおもいっきり子供を褒めてあげればいいのだ。しつけというのは子供を叱ることではなく、子供に良い習慣が身につくように導くことのはずだ。

子供が本当に悪いことをしたら、もちろん叱ってもいい。それでもやはり子供はちょっと内弁慶でいるほうがいいと思う。そのことで子供は、物理的にも感情的にも自分の家がいちばん安心できる場所だと感じていることができる。

子供が学校での愚痴をこぼしたら、親は子供に同調しつつ、どうしたらいいか一緒に考えてあげるのがいい。子供も愚痴を聞いてもらうことで精神的な落ち込みから回復して、心の平静が保たれることがある。

私は、親は子供の前で大人を演じていると書いたが、実は、自分を押し殺してなにかを演じているという意味では、子供も同じことをしている。大人は大人の、教師は教師の、警察官は警察官の仮面を被《かぶ》って生活しているが、実は子供も、理想的な子供という仮面をつけている。家の中では、その仮面を外してもいいんだよ、という環境にしておいてあげることが大切だと思う。

学校の成績が急上昇しているなら、様子見でよい

子供と会話して、いじめの事実を把握しても、すぐに学校に通報し対処を求めればよいという事例ばかりではない。

いじめられている子供のうち90％は学校の成績が下降すると述べたが、10人にひとりくらいは、成績が目に見えて上昇する子がいる。いじめそのものが深刻ではないのかもしれないし、その子自身がいじめに打《う》ち克《か》とうと頑張っている可能性も高い。

このケースでは、親はしっかりと子供から目を離さず、子供から学校でなにが起きているかちゃんと報告を受けながら、様子を見たほうがいい。本人が独力で自分が置かれた状況を打開できれば、それはその子の将来にとっても財産になる。

しかし、様子を見るというのは、なにもしないことではない。よく「見守っています」と言って、様子がおかしい子供にアプローチもしない親がいるが、見守りとは、あくまでも親が完全に状況を把握したうえで、適度な干渉に留《とど》めるということだ。

もうひとつ、すぐに学校に報告しないほうがいいケースがある。子供がいじめられている事実を認め、親がその内容を詳細に把握している状況で、子供の側から「自分で解決したいから、学校には言わないでほしい」と提案があった場合だ。

このとき、その子には本当にいじめを解決するプランがあるのかもしれない。あるいは、学校の先生を信用しておらず、親が学校に知らせれば、加害者から報復を受ける、あるいは物事が複雑になり、面倒くさいことになると思っているのかもしれない。

そんなときは、子供の口から、具体的にどうやっていじめを解決するのかプランを聞こう。たとえば、仲間外れに遭っている小学生の女の子が「○○ちゃん（仲の良い友だち）から○○ちゃん（加害者）にちゃんと話してもらうことになっているから、私は大丈夫」と言ったとする。

そこで「なら、大丈夫だね」と言って安心してはいけない。子供にはかわいそうな気もするが、「では、仲がいいと思っていた○○ちゃんが思ったとおりに言ってくれなくて、あなたたちの話が全部向こうに漏れたらどうするの？」と子供のプランが裏目に出たらどうするかまで聞き出さなければならない。

そのうえで「そうなったときの対策を考えよう」と提案し、学校の先生への相談の方法を考えることまでを視野に入れ、子供と一緒に戦略を練らなければならない。それができて、初めて子供の行動を見守ることが可能になる。

子供、特に小中学生が考えたいじめの解決策はずさんなことが多い。高校生になると、場合によっては親よりもしっかりしたプランを考える子もいるが、学齢が下の子の場合は安易に本人に任せてはいけない。自分の思いどおりにいかなかったときに子供が受けるストレスは、今よりももっと大きなものになるからだ。

さらに、親が大真面目に一緒に戦略を練ることで、子供に自分はひとりではないと感じさせることができる。それにより子供のストレスは大いに軽減される。

親はどんな場合でも、「自分の子だから、きっと大丈夫だろう」という根拠のない安堵感を抱いてはいけないのだ。

学校は隠蔽する機関だ

第3章ではいじめのシグナルをどう見抜くかという話をしてきた。一読して、奇抜なことはなにもない、普通のことが多いと感じられたと思う。

それでも私がこんなことを言うのは、普通のことをできていない親があまりにも多いことがひとつ。もうひとつは、学校や行政組織はいざとなれば真実を隠し保身に走るものだということを、これまで何度も実感させられてきたからだ。

第3章の最後に少しだけ、組織としての学校の体質についての話をしたい。


いじめられていた被害者が不幸にも自ら命を絶ってしまい、その子がいじめの存在を疑わせるような遺書を残していたときなど、原因究明のために第三者委員会が設置され、調査が行われることがある。

テレビで「いじめと自殺の関係を調査するために第三者委員会が設置されました」というニュースを耳にして、「これできっと真相が解明されるのだろう」と感じる人がいるなら、その人はきっと性善説の持ち主なのだと思う。

第三者委員会は、小中学校で起きた事件なら市町村区が、高校の事件ならば都道府県が設置する。メンバーは少なくとも3名以上で、通常は5～8名で構成される。

主な委員は、大学教授、臨床心理士、弁護士といった職業の人々や学識経験者だ。市民活動家やいじめ対策を行っているＮＰＯの人が加わることもある。

なかなか立派な組織に思えるかもしれない。しかし、大学教授はその自治体のほかの委員会にかかわったことのある人が選ばれることが多い。その自治体から報酬をもらったことがある人ということだ。

臨床心理士もそれと似たような人がメンバーになる。弁護士も同じように、その自治体が運営する委員会にかかわりのある人や、その関係の紹介で選ばれることがよく見られる。学識経験者というのは、元校長という経歴が多数派だ。

つまり第三者委員会は、たいてい身内の組織だということになる。

このことから想像できるとおり、彼らの調査が公平だとは言えないことが少なくない。第三者委員会は事件があった学校に乗り込み、生徒たちから聞き取り調査を行う。調査の中でのやり取りは公にならないが、私はとある地方の第三者委員会の記録を手に入れたことがある。委員が生徒にヒアリングしたやり取りが一問一答で記されていたが、開いた口が塞がらなかった。

委員は生徒に対して、**いじめはなかったと誘導するような質問**ばかり繰り返していたのだ。

舞台は中学校だった。自殺した生徒は、教室で10人ほどの生徒が見ている前で、パンツを下ろされていた。委員は、目撃者であるクラスメイトに、こんな質問をしている。

「Aくん（被害生徒）がパンツを下ろされたとき、きみはどこにいたの？」

クラスメイトが「教室にいました」と答えると、「だれが下ろしたか？」と聞く。すると、「Bくん（加害生徒）が下ろした」という。

それに対して、委員は「きみはBくんがパンツを下ろした瞬間を見たの？」と問い詰める。すると、生徒の証言は「ぼくのいた場所から、下ろす瞬間までは見られなかった。ぼくが目にしたときには、すでに下ろされていた」というものに変わる。

証言する生徒たちも、加害生徒が処罰を受けなかったときに、自分がチクったと思われることを嫌がる。だから、問い詰められているうちに証言は曖昧になる。

その結果、「**大勢の目撃者がいたにもかかわらず、パンツが下ろされた瞬間を見ている**

人が少ないというのはおかしい。これではだれがやったか特定できない」という結論が導き出されていた。

別の機会に、委員は加害生徒（B）に向かって「きみはパンツを下ろしてないよね？」と質問している。加害生徒が質問を受けるときは、保護者が同伴していて、保護者ばかりがしゃべっていることもしばしばだ。そんなとき、目撃者のクラスメイトに対して行った問い詰めるようなヒアリングはしない。

最終的に、目撃証言は曖昧で、だれがパンツを下ろしたか分からないという報告書ができあがる。こんな調査がフェアだといえるだろうか。

これも第三者委員会の報告だが、ある高校で、いじめられていた生徒が廊下で加害生徒に背中を蹴られていたという目撃証言があったケースでは、委員と目撃者の生徒との間で、こんなやり取りがあった。

委員が、「今日は何月何日ですか？」と聞く。

「○月○日です」と生徒。それに対し委員は、「今日はなにを食べましたか？」と聞き、やり取りはこう続く。

「○○○を食べました」

「毎食、お昼は違うものを食べるよね、では5日前のお昼はなにを食べましたか?」

「それは覚えていません」

「5日前のことも覚えていないのに、どうしてきみは○月○日に○○くん（加害生徒）が○○くん（被害生徒）を蹴ったと断言できるの?」

「印象的だったから」

「では、最近印象的だったことは、どんなこと?」

生徒が印象に残った出来事について語る。すると、すかさず委員は、「それは何月何日のこと?」と問い詰める。

生徒のほうはここまで来ると、焦りだして、しどろもどろになる。

こうやって目撃者を問い詰めていき、最終的に目撃証言は曖昧だという結論を出す。この質問をした委員は臨床心理士だった。

そのうえで加害生徒には、「きみは○月○日、廊下にいなかったよね」というような質問をする。「……だよね」という、確認をとるためにするような質問を受けた加害生徒は、「はい」と答えるだけで済む。

いじめと自殺に因果関係がないという結論を出すための、誘導尋問としか思えない。第三者委員会は、往々にして、〝悪口や陰口〟など軽微ないじめは認定する。しかし、暴力などの自殺の原因になりそうな重度のいじめは認定しない。

だから、第三者委員会が〝自殺の直接的な原因はいじめ〟と認定することは、ほとんどない。多くの人は、この事実を知らない。

ごくまれに、第三者委員会のメンバーとして自殺した子供の遺族や、遺族が推薦した委員が入ることもある。さすがにこのようなときは、露骨な誘導尋問がされないかもしれない。しかし、残りのメンバーは学校に近しい人々で構成されるので、必ずしも委員会が正しく機能するとはかぎらない。

むしろ、遺族もメンバーに加わった第三者委員会が自殺といじめの因果関係を認めなかったという結論に導かれ、遺族の存在が隠蔽の補強に使われる可能性すらある。

なぜ、第三者委員会はこれほどまで露骨に事実をねじ曲げるのか。もしいじめが自殺の原因と認定されたら、学校、教育委員会、自治体の担当者の管理責任が厳しく問われることになる。学校に対する管理責任は、市町村区や都道府県にある。当然、自治体も管理責任を問われることになる。遺族から莫大《ばくだい》な損害賠償を求められる可能性がある。

彼らは、そんなことにならないように、つまり自分たちの保身のために、身内で構成された第三者委員会を使い、不公正な調査をさせている可能性があるということだ。

第三者委員会で、これほどまでいい加減なことが行われていることに、驚く読者もいるだろう。しかし、2019年には教育委員会の恣意的な委員の選定が、他ならぬ第三者委員会の意見書で表沙汰になるという事件が起きている。

ことの発端は2017年に自殺未遂した市内の女子中学生の申し立てだった。山梨県北杜市教育委員会は第三者委員会を設置するが、私が依頼を受けて調査した結果、委員の選定が文部科学省のガイドラインに違反していたことが判明した。それを知った被害生徒は、第三者委員会の調査協力を拒否し、第三者委員会が自らずさんな教育委員会の委員選定過程を明らかにするにいたった。

このようなかたちで表面化するケースは珍しいが、氷山の一角といえるだろう。

もし、親がいじめに気づかないまま、最悪の事態になってしまったらどうなるだろうか。私が自殺した原因の調査を依頼され遺族と面談すると、いじめの存在を知らなかったという人がほとんどだ。のちに説明する探偵技術を使っての調査でも、いじめ被害者の話が聞けないと、調査はとても困難なものになる。真実は簡単に闇に葬られる。

本当の意味で子供の味方になれるのは親だけだ。だからこそ、改めて家庭での何気ない様子に目を配ってほしいと心から思う。

第4章　いじめについての誤解――私立校・警察・弁護士

多額の寄付をする保護者の子に甘い私立

多くの保護者が、公立の学校よりも私立校のほうがちゃんと子供を教育してくれると思っているようだ。都市部では、子供を中高一貫の私立校に通わせようとする親も増えている。しかし、いじめへの対応という点でいえば、公立より私立のほうがまともというのは大嘘だ。

私の経験では、私立はいじめがあった場合に組織的な隠蔽を図ることが多い。もちろん、いじめを認知し、迅速に被害者保護と加害者への指導を行う学校がないわけではない。しかし、公立に比べれば、私立はいじめの事実を隠したがる傾向が強い。

都道府県、市町村区の教育委員会は、私立の学校を、公立の学校と同じように監督するということはない。ある私立高校で暴力的ないじめが起きたときのことだ。被害生徒の友人が教育委員会のいじめ相談窓口に相談したところ、窓口の担当者は、「**私立の学校については、指導はできないことはないんですが、強制力はないんです**」と語った。

すでに述べたように、個票開示請求などの手法も使えない。私立校の生徒の個票が教育委員会に存在しないわけではないが、その個票というのは、〇〇〇〇という名前の生徒が何年何月に〇〇という学校の生徒になりましたという、入学時の記録だけなのだ。私の経験からいえることは、私立は学校法人としての独立性が強く、個人のいじめの記録を開示してくれと言っても、まず応じない。

いじめ防止対策推進法では、各学校は「いじめ防止基本方針」を策定し、校内にいじめ防止対策委員会を組織することになっている。この義務はもちろん私立も負っている。

だが、私の感覚では、公立校だと8割ほどの確率でホームページにその学校のいじめ防止基本方針を載せているのに対し、私立校は半分といったところだ。

私立校は、大学進学率や課外活動などは大々的に宣伝しているのに、いじめ対策について触れていない学校が多い。いじめ防止基本方針そのものは存在していても、トラブルを避けるために意図的に掲示していないケースや、保護者がいじめの相談をしたとたんに、それまで学校のホームページ上にあった方針を削除した学校もある。

また、私立は公立に比べて「いじめ防止対策委員会」を設置していない学校の比率が高い印象がある。この委員会は法律で設置することが義務付けられているものだから、法律違反ということになる。たとえ設置されていても会議の議事録がない、つまり活動実態がない学校も少なくない。

先生の最終的な人事責任者は、たとえば東京都の公立校の場合、東京都教育委員会であり、一方の私立の学校法人だと、その学校の理事長が最終責任者になる。だから私立は外部の干渉を受けにくい。

学校そのものが閉じられた世界なので、いじめを認知しても、校内の雰囲気がそのいじめを隠蔽しようという流れになると、すべての先生がそれに従ってしまう。ということで私も、私立校のいじめ相談に乗るときは、教育委員会など行政機関は当てにしないスタンスで臨むことにしている。

ユース・ガーディアンに寄せられる相談のおよそ3割が、私立の学校に通う子供の保護者からのものだ。私立校に通う生徒の割合は、小学校で1・2%、中学校で7・3%、高校で32・2%だ（『平成30年度学校基本調査』文部科学省）。ユース・ガーディアンが受ける相談の75%は小中学生のものなので、私立校の相談が3割という数字はかなり多いと言わざるをえないだろう。

学校としての対応の面でも大きな違いがある。公立校であれば、子供同士、親同士、先生と児童や生徒との話し合いで解決したかもしれない事案でも、すぐに弁護士を担ぎ出してくる。

保護者がいじめの証拠を持って学校に相談に行き、先生が「調べてみます」と言うのだが、2回目に会いに行ったときは、学校側の顧問弁護士が同席していた、というケースはざらにある。こうなると、双方の子供への影響に配慮しながら解決することはなかなか難しくなる。

また、いじめがメディアに漏れそうになると、マスコミに影響力のあるOBに頼んで、公にならないように工作した事例もあった。おまけに、いじめ加害者の親が多額の寄付をするなどの有力者の場合、徹底的に見て見ぬふりをすることがある。私は、こういった事例を何度も目撃してきた。

都内のある女子高で起きたいじめが、まさにそういうものだった。この学校は幼稚園から小学校、中高大学まである有名女子校で、世間でお嬢さんが通う名門女子校といわれていた。

いじめの被害者は1年生の演劇部に所属する女子生徒だ。あるとき彼女はインフルエンザにかかり、数日間学校を休んだ。体調が快復して演劇部に復帰すると、その日を境に、同じ部の部員たちから無視されるといういじめに遭うようになった。「邪魔だよ」「お前の居場所はここにはない」などの罵声を浴びせられた。いじめを積極的に主導するグループは全部で8名だった。

女子生徒は顧問の先生に相談したが、顧問からは「休んだあなたが悪い」と言われたという。いじめはエスカレートしていき、他の部員が身体をぶつけてきたり、小突いてきたりすることもあった。女子生徒は目に見えて痩せていき、心療内科に通院するまでになってしまった。状況を見かねた両親が彼女に理由をたずねると、女子生徒はようやくいじめについて語った。この時点で、いじめが始まって半年が経過していた。

両親の行動は迅速だった。お父さんが、いじめ防止対策推進法などの法律について調べ、お母さんはどんないじめだったかを整理し、部活の顧問と校長に相談した。両親連名で学校の理事長宛てに、いじめ対策を講じるよう求める手紙も出した。

　校長はお母さんに、「すぐに対処しなければならない。いじめている側の保護者に、じかに会って対応します」と約束した。ほどなく、校長から被害生徒側に対し、「謝罪の会」を催すから学校に来てほしいと要望があった。

　いじめられていた女子生徒と両親はこれで収束するものと安心する。しかし、指定された日に学校に出向くと、校長はおらず顧問だけが出迎えた。女子生徒は謝罪の会の部屋に通されたが、お母さんは入室を拒まれた。

　部屋の中では信じがたいことが起きていた。女子生徒が室内に入ると、そこにはいじめ加害者8名だけがいて、彼女らの保護者の姿はない。

　加害者たちは「あんなことがいじめと言われるなら、あなたとはもうやっていけない」「こんなおおごとにして、なにがしたいの?」「こんなことをしてよく学校に居られるね」と次々と罵声を浴びせた。女子生徒はその状況に耐えきれず、過呼吸のような症状を起こし逃げ出すように学校をあとにした。**「謝罪の会」とは名ばかりの、「吊《つ》るし上げの会」**だったのだ。

この日を境に、校長の態度も豹変《ひょうへん》した。両親が抗議しても、校長は「謝罪の会はもう済んだ」と繰り返すばかりだった。

ここに至って、お母さんはユース・ガーディアンに連絡をしてきたのだ。


それにしても、なぜ校長の態度が急変したのか？　推測しかできないが、お母さんが校長と面談してから「謝罪の会」が行われるまでに1週間ほど時間があった。調べたところ、この間、8名の加害者の母親たちが、入れ替わり立ち替わり学校を訪問していたのだ。8名の加害者の親たちが学校に圧力をかけた可能性がある。実際、8名の親の中には、親族の女性のほとんどがその学校のOGという人物も含まれていた。

お母さんは、私学の助成金などを扱う、東京都生活文化局の私学部にも相談したが、「ウチで対処するのは難しい」と言われたという。こうなると、被害生徒側にできることはかぎられる。

こういったかたちで、私立校がいじめをなかったことにすると決め込んだら、対策は三つしかない。

ひとつめの方法は、警察に被害届を出すことだ。ただし、具体的な犯罪被害がないと警察は対応してくれない。このときも、女子生徒が暴行されたわけでもお金を取られたわけでもなかったので、被害届は受理されなかった。

ふたつめの方法は、加害者を相手取って訴訟を起こすことだが、通常、訴訟は延々続き、被害生徒が卒業しても終わらない。これも、目の前にあるいじめの解決策にならない。

ユース・ガーディアンは、三つめの方法に訴えることにした。私は学校に電話して「自分はあるメディアの記者だが、いじめが起きているという話を聞いたので、その件について調べている。学校に取材したい」と告げた。

実際に私はネットのビジネス系媒体に連載を持っている。これまでにも、たびたびいじめ問題についての記事を書いてきた。このときもこの学校で起きていることを、本気で記事にするつもりだった。

つまり、三つめの方法とは、メディアを通して世間にいじめの実態を知らせることだ。私立校は自分たちのブランド価値が傷つくことを嫌がるため、この方法は功を奏することがある。

　その日のうちに動きがあった。学校側はお母さんに電話で「取材を受けないでほしい。記者を止めてほしい」と頼んできたのだ。しかしお母さんは冷静だった。

「どこから話を聞きつけてきたのか分かりませんが、私のところにも取材させてほしいという連絡は来ています。取材を受けるかどうかは、まだ決めていません」

　翌日、学校からお母さんに連絡があり、ぜひ学校に来てほしいという。私が取材申し込みをした2日後、お母さんが学校へ出向くと、8名の加害者と保護者が待ち構えていた。部屋に入った時点で、目に涙をためていた母親もおり、みなで深く謝罪してきた。中には、土下座せんばかりに足元にすり寄ってきて、「お願いだから取材は受けないでください」と懇願してきた生徒もいたらしい。校長も深々と頭を下げた。

　お母さんは、「言葉だけの謝罪だと今後どうなるか心配なので、文章にしてほしい。取材に関しては、記者さんに取材しないように頼んでみる」と返した。謝罪文がすぐに来たことを受けて、私も記事化を取りやめた。

超進学校でもなく大学の付属校でもない私立でいじめ発生率は高い

独立性の高い私立校がいじめを隠蔽しようとするようなケースでは、ことを公にして、世間を味方につける以外には、解決法がない場合がある。少子化が進行し生徒獲得競争が激化する中、私立校は世間での評判を恐れているので、これは効果を上げることがある。しかし、いつも成功するとはかぎらない。加害者の親が地元の名士や有力者なら、解決は難しくなる。

どんな私立校でいじめが起こりやすいかとよく聞かれるので、経験の範囲内でお答えしたい。**「中高一貫」で、「東大に進学する子があまりいない学校」**、さらに**「大学の付属ではない学校」でいじめ発生率が高くなりがち**だと私は感じている。

付属校は大学受験のプレッシャーが少ないということなのだろうか。しかし、東大に大勢が合格する超進学校はプレッシャーも相当なものだと思うが、そういった学校からの相談はあまり来ない。

だが、こんな学校なら大丈夫ということは決してない。いじめはどこでも起こりうる。実際、数年前には、都内のある大学の付属校で有名人の子女によるいじめ事件が報じられたこともあった。ほかにも、都内で数校、三つの条件を満たさないのに、いじめ相談が頻繁に寄せられる学校もある。いずれにせよ、私立だから安心だとは思わないでほしい。そして解決が難しいと思ったら、警察かわれわれのようないじめ対策のNPOに相談してほしい。

通報しない＝「犯罪成功体験」を持った子供が育つ

継続的ないじめは、子供の命にかかわることもある。学校による解決が期待できず、いじめられた子が危険な状況に陥っていたら、ことは一刻を争う。保護者は警察に相談することをためらうべきではない。

しかし、差し迫った危険かどうかの判断が難しいこともあるし、本当におおごとにしてよいのか迷うこともあるだろう。まず、性的ないじめを受けた場合は通報をためらうべきではない。難しいのが、子供がケガをしている場合や、お金を取られているケースだ。

しかし、原則として、①学校に問題解決能力がない、②一方的な暴力を受けてケガをしている／1円でもお金を取られている、このような場合は、警察に相談すべきだと考えている。

子供の争いを警察沙汰にするのはいかがなものかと言う人もいるだろう。しかし考えてみてほしい。いじめという言葉で片付けられている行為の多くは、大人であれば立派な犯罪になる。

暴力をふるえば暴行、ケガをさせれば傷害だし、SNSでの誹謗中傷は名誉毀損だ。人の持ち物を隠したら窃盗、壊したら器物損壊。仲間外れは、罪状はつかないかもしれないが人権侵害といえる。これらの被害に遭ったら、本来、警察に相談するのは当然のことなのだ。

学校の先生に問題解決能力があればいいが、学校が頼りにならないのに、保護者が警察沙汰は避けたいと言っていては、いたずらに時間が過ぎていくばかりだ。いじめ＝犯罪被害に遭ったとき、加害者が子供だからという理由で、軽視しても良いという理屈はどこにもない。

子供のケンカに大人が口出しすべきでない、と言う人もいる。だが、ケンカとは双方が攻撃し合うもので、無抵抗な相手に一方的に暴力をふるうものとは異なる。

どの程度の暴力から警察に相談すべきものになるのか、迷う人もいるかもしれないが、怪しいと思ったら積極的に警察に相談してよい。というのも、警察官は格闘技などに通じた人も多いので、暴行を受けている場合、ケガやアザの写真を見せれば（ここでもいじめの証拠が重要になる）、その暴行がどの程度悪質なものか判断してくれる。

もちろん、なんでもかんでも警察に通報すればいいということではない。ただ、警察に相談すれば、警察はこちら側に注意を向けてくれる。いざ通報して被害届を出さなければならないということになった場合、事前に相談しておいたほうが円滑に運ぶだろう。その意味では、これも**いざというときのための「根回し」**のひとつだと考えてよい。

彼らの判断力は親や学校の先生よりも確かなので、その意味でもいじめの状況に不安を感じたときは、警察に相談するべきだ。

性的ないじめも警察に相談しなければならない。男の子の場合は、教室でみんなが見ている前でパンツを下ろされるといったものが小学校から始まる。女の子では友人の部屋で服を脱がされて裸の写真を撮影されるケースが起きている。当然ながら、これらの行為は、強制猥褻《わいせつ》や名誉毀損などで訴えることができる。

また発生頻度は非常に少ないが、女の子の場合、中学生の段階から集団で性的暴行をされることもある。思春期に性的被害を受けた者の心のダメージは計り知れない。


警察に相談するときは、事前に地元の警察署の「生活安全課」に電話してアポイントをとれば良い。警察署の規模が大きいと独立した少年課があるが、小さな警察署だと生活安全課の中に少年係がある。どちらにしても、警察の側で判断して適切な部署の担当者が応対してくれるはずだ。

なお、警察に出向いて相談したとしても、いきなり被害届を出してくださいと言われることはまずない。また、被害届は被害者本人が書くこともできるが、被害者から聞き取りをして警察官が作成する。

おおむね、直接の相談の後に、警察の側から「ちゃんとした聞き取りをするために再度来てください」と言われたら、つまり2回目以降の面談が行われたら、その場で被害届が作成されることが多い。

被害届が作成されるか、作成された被害届が受理されるかは、警察の判断に委ねられている。警察は、被害の深刻度や犯罪性を尺度に判断する。

もし、いじめ加害者が地元でも悪質な連中として名前が知られている場合、彼らの名前は警察の要注意人物のリストの中にすでにあるはずだ。このようなときは、警察は迅速な行動を取り、保護者に対し被害者を守るためのアドバイスもしてくれるはずだ。

警察との相談に子供を連れて行くかどうかは、ケースバイケースだ。小学生は説明能力がまだ未熟なので、連れて行かないほうがいいだろう。中高生であれば、連れて行って本人の口から直接説明させたほうが、事情が伝わりやすい。ただし、本人が警察に行くのを嫌がったらもちろん避けるべきだ。警察官が本人から話を聞きたいと言った段階で、一緒に行くよう説得する。

警察に相談すると、そのことを知ったいじめ集団から報復を受けるのではないかと考える人もいるかもしれない。だが、実際には警察の存在は抑止力になることのほうが多い。警察官は犯罪抑止、犯罪摘発のプロだ。学校の先生のように、いきなり加害生徒を「お前ら、いじめるんじゃないぞ」と怒鳴りつけて、仕事をした気になることはまずない。

普段は犯罪者の捜査をしている警察官が、いきなりダイレクトに加害生徒に接するようなことは少なく、加害者が悪質なら悪質なほど、周辺から捜査を進めていく。

警察が動いていることを加害生徒が知れば、彼らはいじめを自制することのほうが多い。仮に、警察官が、恐喝を繰り返しているような者に向かって、「お前、同級生からカネをとっているのか。（被害者が）相談に来たぞ、お前が乗っているスクーターも彼のやつだろう、返してやれよ」と告げたとしよう。

警察官にこんなことを言われて、報復するような度胸のある子供は非常に少ない。むしろ警察沙汰になることに怯えて、いじめをやめる可能性が高い。

万が一、加害者が被害者に報復でもすれば、警察はただではおかないだろう。警察とは非常に面子《メンツ》を重んじる組織だ。警察官の警告を無視して加害者が犯罪行為を繰り返せば、警察は面子を潰されたことになる。

そんなことになったら、警察はすぐに加害者を補導または逮捕するだろう。その場合は家庭裁判所に送致され、加害者は保護観察付きといった処分ではなく、少年院か少年鑑別所に送られる可能性が高くなる。

加害者から逆恨みされる可能性がまったくないわけではないが、学校もＮＰＯも、被害者を24時間見守ることは不可能なのだから、警察の見守りの目が加わることは心強い。

私がこういった話をすると、必ずといっていいほど、「犯罪といっても子供がやったことだ。そんなことで、子供の人生を台無しにするのはかわいそう」と言う人がいる。

しかし、そういう人は肝心なことを見落としている。

犯罪に相当するいじめを行った子供が、その行為にふさわしい罰を受けることなく生きていくとしたら、加害生徒は犯罪の成功体験を持ったまま成長することになる。そのような子供たちに対して、強制力を持った警察という組織が出てくることで、「同じことを二度としてはならない」と教えることは本人たちのためにもなるのだ。

弁護士を立てて争うとき、損害賠償は学校ではなく加害者側に求める

学校が動いてくれないが、いじめ被害が深刻というケースでは、弁護士に依頼することも視野に入ってくる。特に、ＳＮＳで匿名で誹謗中傷されたような場合、だれがやってい

るのかを知るには、弁護士を立てて裁判所に「発信者情報開示請求」の申し立てを行うことになる。

SNSを運営するすべての会社が開示請求に応じてくれるわけではないが、中には応じてくれる会社もある。開示された情報はいじめの重要な証拠になるので、SNSでの誹謗中傷被害の相談を受けたときは、すぐに弁護士を立てて発信者情報開示請求を行うように勧めている。

警察に暴力行為の被害届を出して、裁判に発展するようなときも弁護士が必要になる。だが、裁判は結論が出るまで時間がかかりすぎる。子供が成人するまでに終わらないこともあるので、できれば避けたい。

弁護士に依頼するイコール訴訟と考えがちだが、むしろ弁護士には、子供が被った被害を弁済してもらうための示談交渉を行ってもらうと考えたほうが現実的だろう。特に、交渉事が苦手という親には、弁護士が強い味方になる。

弁護士が代理人につくと、学校も加害者側もまともに取りあわざるをえなくなる。しかし中には、頑としていじめを認めない親もいて、そんなときは訴訟になる。

被った被害に対する損害賠償を請求する相手は学校ではなく、加害者だ。学校には、いじめの事実を認めさせることが重要になる。

気をつけてもらいたいのは順番だ。①警察に相談してから、②弁護士が必要になったら依頼する。ただし、SNSの発信者情報開示請求のケースは弁護士が先だ。

弁護士を探す際、まったく当てがない場合は日本司法支援センター（法テラス）にたずねてみるのがよいだろう。費用や手続き、交渉の流れなどについて丁寧に説明してくれるはずだ。

弁護士選びは慎重に行ってほしい。私の知っている弁護士は優秀な人ばかりだが、弁護士の中には会話が苦手、かみくだいて説明することが下手という人もいる。それどころか、法律相談に行っても、会話するのは事務員だけで、弁護士本人は一言もしゃべらないというひどい法律事務所もある。

初回の法律相談の段階で疑問を持ったら、ためらうことなく、他の弁護士事務所のドアを叩《たた》いて、この人なら大丈夫と納得できる弁護士を選んだほうがいい。間違っても、五十音順に掲載してあるタウンページを見て、適当に弁護士を選ぶようなことは避けてもらいたい。

第5章　探偵調査とはどのようなものか

これまで説明してきたとおり、多くのいじめは、被害生徒のお母さん、お父さんが、学校の先生の実情を理解し、慎重に働きかければ、自力で解決できると考えている。

しかし中には、警察やＮＰＯ、探偵の力を借りなければ解決が難しいケースもある。第５章では、探偵に依頼するとどのような調査を行うのかについて説明しよう。

探偵に頼む前に知っておくべきこと

先に説明したとおり、ＮＰＯ法人ユース・ガーディアンでは、理事会で探偵調査が必要と判断したときには、提携先でもある探偵事務所、Ｔ．Ｉ．Ｕ．総合探偵社（こちらも私が代表を務めている）に調査を依頼する。この場合、調査費用は全額ユース・ガーディアンが負担するので、保護者の負担は一切ない。

ただ、こちらが探偵調査の必要性がないといっても、どうしても探偵に頼みたいという保護者がいるので、ここで簡単に答えておこう。

ユース・ガーディアンを通さず、T．I．U．総合探偵社に直接依頼をしてくる場合は無料というわけにはいかないが、相談料は受け取っていない。いじめ事案では、いじめの実態を録画・録音するために機材を貸し出すことがあるが、いじめ調査の場合は貸し出し料も無料としている。

尾行などのため調査員が稼働するときは、人件費が費用としてかかる。これまでのケースでは、1件の調査費用は30万〜40万円程度といったところだ。T．I．U．総合探偵社ではいじめ調査の場合、ことの性質上、金額はおさえて請求するようにしている。

料金体系は探偵事務所によってバラバラだが、依頼をする場合はよく担当者と相談して、解決までの道筋が見えてきたと思えてから契約することが重要だ。

「ウチにはカウンセラーがいますから安心です」というセールストークをする事務所もあるようだが、そんなときは「その人は臨床心理士ですか？」と確認をしてほしい。相談に乗る（カウンセリングする）人をすべてカウンセラーと呼ぶ事務所が存在する。

探偵業界の者としてとても残念なことだが、悪質な業者が存在するのが現状だ。いじめ調査のノウハウを持たない探偵事務所がいじめ調査を受件してトラブルになるケースも起きている。探偵に依頼するときには、探偵事務所の担当者とよく話し合って、相手が示した調査方針やいじめ解決策に納得してから依頼するようにしてほしい。

強固な証拠を押さえる探偵調査

では、本当に探偵の力を借りなければ、解決できないケースとはどのようなものか。それは、**いじめに遭っていることは明らかなのに、学校に相談しても取りあってもらえない場合**だ。特に私立で起きがちな、学校がいじめの事実を必死で隠そうとするときにも探偵調査が役立つだろう。

いじめの加害者が優等生で評判もよく、被害者側がいじめを訴えてもだれも信じてくれない場合も、探偵調査が役に立つことがある。特別な技術を使って強固ないじめの証拠を押さえなければ、学校を動かすことができないと思われるケースだ。探偵による調査がどのようなものか、簡単に説明しよう。

あるとき、中学2年生（公立）の息子をもつお母さんから、ユース・ガーディアンに電話がかかってきた。相談は次のようなものだ。

野球部の息子が、顔やお腹に、明らかに殴られた痕だと思われるアザを作って学校から帰ってきた。特に、お腹には青く内出血したような様子もある。思い返せば、家にいるときに突然、嘔吐《おうと》したり、体の動作が鈍くなったりしたこともあった。おまけに、部活で使うグローブを数カ月おきになくしてしまい、そのたびに「新しいグローブが欲しい」と言ってきていた。

お母さんが、「そのケガはどうしたの?」と聞くと、「学校で殴られた」と答えた。「だれにやられたのか」と聞くと、息子は「言ってもどうせ信じないよ」と力なく言うだけだ。

なにか異常なことが起きているに違いないと、お母さんはひとりで学校に行き、野球部の女子マネージャーに案内され部室に入ってみた。

野球部員のお母さんたちは、息子たちを熱心にサポートしていて、学校を訪れることも珍しくない。だから、このお母さんも、怪しまれることなく、部室の中に入ることができた。

そこでお母さんは、ボロボロになった息子のグローブを発見する。グローブは紐《ひも》がズタズタに切断され、ボールをキャッチしたときに衝撃を和らげるクッションが抜かれていた。普通にプレイしていてこうなるはずがない。息子は、グローブをなくしたのではなく、だれかに壊されていたのだ。お母さんは「背筋が寒くなる思いがした」という。

息子を殴った生徒とグローブを壊した犯人はだれなのか。息子には同じ中学に通う弟がいて、その子も野球部に所属していた。お母さんは弟に心当たりはないかたずねた。「○○にやられているんだよ」と弟の口から告げられたのは意外な生徒だった。成績は学年トップ、野球部でも不動のエースという優等生で、お母さんも感じの良い男の子という印象を持っていた。先生や保護者にも礼儀正しく、部活の空き時間に保護者たちが連れてきた小学生を相手にキャッチボールをして慕われている、評判のいい生徒だった。

弟が優等生の名前を出したので、息子も経緯を語り始めた。加害者はその優等生ひとりで、加害グループが存在するわけではなかった。息子は野球部に入部した直後から、その優等生から殴られるなどの暴行を受けていた。1年以上も暴力が続いていたことになる。

暴行は基本的に他の生徒が見ていない場所で行われ、人目がある場所では、それと分からないように、小突いてくるようなものだったという。グローブを壊したのもやはりその優等生のようだった。

ここからどうするか。息子の話を学校にそのまま話しても信じてもらえないのではないか。お母さんは悩んだ末にユース・ガーディアンに連絡をしてきたのだった。

優等生による悪質な暴力

このとき、強固な証拠もなしに学校へ相談をしなかったのは、正しい選択だった。

お母さんが、繰り返し「〇〇くん（加害生徒）は、市内でも有名な優等生なんです」と言うものだから、私は同じ市に住んでいる友人に電話して、その優等生の評判を聞いてみた。すると、みなその生徒の名前を知っていた。

「あの子は素晴らしいよ、将来はプロ野球に行くんじゃないか」と言う人もいたほどだ。

いじめ加害者がこのような優等生の場合、正面から学校に被害を訴えても取りあってもらえないことがある。それればかりか、「なにかの間違いですよ」とか、「お宅のお子さんは嫉妬して、そんなことを言っているんじゃないかな」などと言われかねない。だれが見ても明らかな証拠が必要だ。そのためには探偵調査が有効になる。

前述のとおり、ユース・ガーディアンでは、理事会で探偵調査が必要だと判断した場合、委託先である私の探偵事務所に調査を依頼することになっている。

私は新幹線で現地に向かって自宅を訪問した。中学2年生の男の子は、初対面の私の顔を、うさんくさいモノを見るような目で眺めた。彼の目にはまったく生気がない。長期にわたるいじめを受けてきた子供たち特有の表情をしていた。

調査は、被害生徒に紹介してもらった野球部の同級生への聞き取りから始まった。多くの同級生も優等生の二面性には気づいていて、殴っているところを見たことのある生徒も複数いた。ただ、アザができるほどのものだとは思っていなかったと言う。

他の部員たちもうすうす気づいてはいたが、見て見ぬふりをしていたということなのだろう。部内で暴力があったとなると、大会への出場を辞退することになる。他の部員たちはそんなことを心配し、それほど悪質な暴力ではないと思い込もうとしていたのかもしれない。

通常のいじめ案件なら、身体のアザの写真に医師の診断書、おまけに部員の証言があれば、学校へのアプローチを開始する。しかし、学校の「優等生信仰」を甘く見てはならないことは、これまでの経験からも分かっていた。

学校を動かすためには、いじめの動かぬ証拠、つまり暴行現場の録画・録音を押さえる必要がある。そのことを被害生徒に伝えると、彼は無表情のまま こう語った。

「たとえ、あいつがぼくを殴っているところを撮影して、それを先生に見せても、お前が悪いことをしたからだろうと言われるんじゃないか」

優等生はそれほどまでに先生に信頼されている、というのだ。もしそうなら、一方的な暴力を受けている様子を撮影しなければならないだろう。彼は痛い思いをすることを覚悟したうえで、「(録画・録音を)やりたい」と言った。

暴行は基本的に野球部の部室で行われていた。ふたりきりになると必ず殴られたり蹴られたりしていたという。近々練習試合があり、おそらくその日ならふたりきりになるタイミングを作れると彼は主張した。

被害生徒が受け持っている用具入れのバッグは巨大で、その中に撮影機材を忍び込ませることは簡単だった。バッグの表にはボタンカメラ3台を装着した。これは探偵が使う録画用機材で、ボタンのような形をしている。外からはカメラだと気づかれない。3台も装着すれば、バッグをどこに置いても暴行現場を収めることができる。

小型カメラで録画時間は短いため、3台が10時間稼働できるだけの大型リチウムイオン電池を装着した。さらに、被害生徒のベルトにバックル型の録音機を仕込んだ。これも探偵が使う調査機材で、傍目には録音機だとは気づかれない。

試合当日、グラウンドには多くの保護者が見学に詰めかけていた。私もお母さんと一緒に現場を訪れた。被害生徒の親戚のおじさんに扮《ふん》して、ハンディカメラを構える。周囲はわが子の活躍を記録しようとハンディカメラを構えた保護者だらけだ。これなら怪しまれることはない。

試合が始まった。エースである加害生徒は先発投手だったが、途中でマウンドを降りた。そして彼は部室に入っていった。被害生徒も先生に用具を持ってくるよう指示され、後を追った。ふたりきりになるシチュエーションが早々に巡ってきた。

私は、部室の近くに移動して待機した。もし被害生徒が暴行に耐えきれなくなり助けを呼んだら、中に入って暴行を止める約束をしていたのだ。しかし……。

部室の中から、小さくではあるが、「お前を見ていると本当にイライラするよな」という声が聞こえてきた。まぎれもない、あの優等生の声だ。被害生徒は弱々しく「○○くん、もうやめて」「マジで痛いからやめて」と繰り返している。まさしく今、彼は暴行を受けていた。

被害生徒の言葉は、暴行が一方的なものだということと、だれがだれを殴っているのかということをはっきりさせるための台詞で、これも事前に打ち合わせたとおりのものだ。

暴行は10分にわたって続き、加害生徒はグラウンドへ戻った。少し遅れて被害生徒も戻る。

驚いたのは、試合の途中で、再び被害生徒が部室に戻る機会があったのだが、加害生徒が追っていったことだ。部室からは、大きな声ではないが罵声が聞こえてくる。やはり暴行を受けているのだろう。

部室から出てくるときの被害生徒と眼《め》があった。彼は、ジェスチャーで「こっちに来ないで」と合図してきた。なぜ、あれほど殴られても「助けて」と叫ばないのか……。のちほど彼にたずねたら、「これまで100回も200回もやられていることだから、今さらどうってことないよ」と答えた。

録画・録音を終えた日の夜、彼はそれまで私に一度も見せたことがない、晴れ晴れとした表情をしていた。そしてこう呟《つぶや》いた。

「仮にこれで先生たちが信じてくれなかったら、みんなそんなものなんだと諦めもつく」

いじめと闘っていくうちに表情が明るくなる被害生徒に、これまで数えきれないほど会ってきた。いじめられて我慢しているだけではなく、いじめをうやむやにすることなく、ちゃんと対峙《たいじ》したという経験は、子供にとっては自信になる。

録音・録画状態は良好だった。その素材を使って、ユース・ガーディアンがいじめの実態を説明する報告書を作成した。

報告書の中には、医師の診断書や、被害の様子を記録した音声の書き起こしや、動画からとった写真が含まれている。

これだけの証拠がそろえば、警察を動かすこともできる。しかし、まずは学校に相談することにした。

お母さんには、報告書はその場では手渡さず、パラパラ見せるだけにしてくださいとお願いした。最初に報告書を渡してしまうと、こちらの手の内をすべて知らせてしまうことになる。それを元に、個別に生徒たちに圧力をかけて、もみ消し工作を始める危険性があるからだ。

パラパラ見せる資料には、加害生徒が被害生徒を暴行する様子を録画した動画から抽出した写真もある。また、お母さんには、殴られているときの音声が記録されているＩＣレコーダーも持参してもらうことにした。

優等生のことが大好きな学校

後日、お母さんは朝10時に学校に電話をして、アポイントをとった。学校側の代表は、野球部の顧問の先生と副校長だ。

お母さんが資料を見せ、暴行の様子を収めたレコーダーの音声を聞かせたところ、先生たちは、「信じられない」とうめくように言っただけで、無言になってしまったという。「彼にこんな一面があったのか！」と驚く様子もない。とにかく、これはなにかの間違いだという態度だ。「人間は失敗することもある」とまで言った。

お母さんは「いじめを止めてほしい」と訴えたが、ふたりの先生は言葉を濁した。通常なら、いじめ調査に積極的でなくても、先生は「少し調べてみましょう」あるいは「他の先生にも聞いてみましょう」くらいは言うものだが、それすらもなかった。完全な門前払いだ。

しかし、このような相談はユース・ガーディアンにも複数寄せられている。いじめ加害者が信頼されている場合、先生たちは、往々にしてこういう態度をとる。

数日後、校長から直接、お母さんに電話がかかってきた。

「これはなにかの脅しなんでしょうか。嫌がらせもたいがいにしてほしい。教育の邪魔をしないでくれ。なにがしたいんですか！」。校長は電話口でまくしたてた。

このような学校の反応に出会うたびに、先生という生き物は本当に優等生が好きなのだなと思う。ある意味で、優等生は彼らが行っている学校教育の立派な成果物だ。優等生は優等生であってほしいと願う気持ちが、先生たちの目を曇らせているのだろうか。

校長のめちゃくちゃな反応に対し、お母さんは冷静だった。

「学校では対処できないということでしたら、警察に被害届を出そうと思います。証拠はそろっていますから、少なくとも補導なりなんなりされるのではないですか」

校長は黙り込み、また連絡すると言って電話を切った。


電話の翌日から、被害生徒にはしばらく学校を休ませることにした。加害生徒からだけでなく、先生から圧力を加えられる心配もあったからだ。

翌日になると、聞き取り調査のときに協力してくれた同級生の野球部員たちが、ＬＩＮＥで学校の様子を知らせてくるようになった。

彼らの報告によると、加害生徒は部活には出てこないという。授業が終わったら校長室に入り長時間、出てこない。校長室から出てきた加害生徒の顔には涙の跡がある。なにが起きているのか部員たちに対する報告はないけれど、先生たちはみんな硬い表情で、ため息ばかりついている。

数日後、今度は、加害生徒本人とその両親、野球部の顧問、学校長の5名が、いきなり被害生徒の自宅に訪ねてきた。アポなし訪問だ。このとき、自宅には被害生徒の弟とお母さんがいたが、留守を貫き通した。

相手の意表を突いて訪問し、考えがまとまらないうちに話を収めてしまおうという意図だろう。追い詰められた学校はよくこのような手段をとる。

お母さんは教育委員会に連絡し、いじめ事案が報告されているか聞いてみた。すでに説明したとおり、公立の学校で起こったいじめ事案などは教育委員会に、生徒一人ひとりの情報を記録した個票等のかたちで報告しなければならない決まりになっている。

教育委員会の担当者の答えは「すぐにはちゃんと答えられませんが、ちょっと記憶にありません」という曖昧なものだった。

お母さんはこれまでの経緯を説明し、警察に被害届を出すことを考えていると告げた。すると今度は、「それは、ちょっとまずいですね。やはり教育上のこともあるので、警察に行くのはちょっと待ってください」と言ってきた。しかし、お母さんは折れなかった。

「（教育委員会に）止める権利はないですよね。ちゃんと学校サイドで対応できないのであれば、そうせざるをえません」

教育委員会の担当者は、「学校へは一応確認します」と言った。本来、学校長の要請がなければ動かない教育委員会が、「学校に確認する」と言ったのは、こちらにとっては大きな成果だ。翌朝、校長から電話があった。

「先日は大変失礼をしました。日を改めて謝罪をさせてください。治療費や損害賠償等については学校としては直接介入できないので、（生徒の保護者間で）直接やってもらうしかありませんが、一応、いろいろ説明もさせていただきたいので学校に来てください」

校長の態度はまるで別人のようだった。きっと、教育委員会から「警察沙汰になりかねない事件が本当に進行しているのか」と問い合わせがあったのだろう。

約束の時間に学校へ行くと、校長室に通された。加害生徒本人はいなかったが、校長、野球部の顧問、加害生徒の母親がいた。顧問からは、加害生徒にはすでに部活を停止させていること、年内は停止させるつもりであること、本人から被害生徒に直接謝罪させるつもりだと伝えられた。加害生徒のお母さんからは、治療費や壊したものの費用はすべて弁済させてくださいとの申し出があった。

この場でも、お母さんは「本人とも話してお返事します」と言って即答はせず、話し合いを終えた。こういったときは、その場で即答しないほうがよい。

被害生徒は長期にわたって暴行を受けていたので、警察に被害届を出すべきケースだった。しかし彼は、「学校も認めたし、あいつ（加害生徒）にとって部活ができないことは辛いだろうし、向こうの申し出どおりでいい」と言った。しかし「ひとつ条件がある」とこう付け加えた。

「先生の口から、〇〇くん（加害生徒）がしていたことを部員全員に公表したうえで、彼はそれが発覚したために部活停止処分になっている、と伝えてほしい」

加害生徒はチームの大黒柱だ。彼がいないことはチームにとって大きなマイナスになる。被害生徒にしてみれば、その理由が加害生徒本人にあることがはっきりしていなければ、安心して野球部に行けないという思いがあったのだろう。

「まだ本人からごめんなさいと言われていない。でも、謝罪があれば、部活をしてもいいと思う」とも言った。

お母さんとの話し合いの結果、次の2点を学校側に求めることになった。
一、先生が部員たちへことの経緯を説明すること。
二、加害生徒本人が被害生徒へ謝罪すること。
これらのことが実現されれば警察に被害届は出さないと決めた。

しかし、先生たちはこの期におよんでもことを曖昧にしたい様子だった。私はお母さんに、先生が作った部員たちへの説明の原稿を事前に見せてもらうよう伝えた。実際、その原稿では、部内でなにが起きていたのか、さっぱり分からない曖昧な内容だった。お母さんとわれわれの添削を経て、ようやくまともな原稿ができた。

部員たちへ説明が行われたのと同じ日に、加害生徒の謝罪も行われた。校長室で被害生徒に対面した加害生徒は憔悴《しょうすい》しきっていて、蚊の鳴くような細い声でしゃべるのが精一杯だったようだ。相手の変わり果てた様子に被害生徒も「オロオロしてしまった」という。

「許してもらえるとは思っていないけれど、謝罪させてください。今までどうもすみませんでした。もう、二度としません」

どうして1年以上もあんなことをしたのか聞くつもりだったが、相手があまりにも憔悴しきっていたので、「分かった」と言うことしかできなかったという。これまで模範的生徒として扱われていた加害生徒は、相当大きな心理的ダメージを受けたのだろう。

被害者側の要求はふたつとも叶えられ事態は収束した。お母さんがユース・ガーディアンに相談した日から5カ月が経過していた。報告書は1カ月半ほどで完成していたのだが、学校とのやり取りをしているうちに時間が経ってしまった。

すべてが終わって、被害生徒の表情も変わった。彼は「初めて先生という人たちが自分の話を一生懸命聞いてくれて嬉《うれ》しかった」といって微笑《ほほえ》んだ。

いじめは、される本人にとって辛いものだ。それを克服することが、本人にとって大きな成功体験となってほしい。毎回うまくいくわけではないだろうが、もし可能なら、保護者は子供たちをうまく導いてあげてほしいと思う。

第6章　子供のいじめは大人の模倣だ

この本の冒頭で、いじめに遭っている子供たちの保護者は、学校の先生のことをよく知らないと言ったが、世間の人々もいじめについて、いろいろな勘違いをしている。最終章では、私がいじめの現場で感じたことと、世間の認識とのズレを説明したい。また、いじめを本当に減らすにはどうすればいいかについて私論を述べたい。

わが子を「いじめっ子に育てない」ためには

わが子はいじめられるタイプではないと思っている人がいるとしたら、逆に「自分の子はいじめなどしない」と言い切れますか、と聞いてみたい。

いじめというと被害者に注目が集まりがちだ。子を持つ親は、いじめられた子とその親のことを想像する。しかし、いじめはリーダーと追従者の4、5名で行われることが多い。ということは、わが子がいじめの被害者になるより、加害者となる確率のほうが高い。

いじめが発覚し、加害者が社会的制裁を受けることもある。事件がニュースになって、加害者や親の実名、住所、顔写真、職業などがネットに晒される様子を見たことがある人は多いだろう。

いじめについて心配するなら、わが子がいじめられた場合の対処を考えることも必要だが、いじめる側にならないよう育てることも考えなければならない。いじめっ子はどんな環境で育つのだろうか。


私の実感では、いじめの種は、親をはじめ周囲の大人が蒔《ま》いている。**親から「……でなければならない」という価値観を強く植え付けられた子供は、いじめる側に回りやすい**と感じる。「いい会社に勤めていなければならない」「家は持ち家でなければならない」。親が直接子供に言わなくても、親同士の会話や立ち居振る舞いから、子供は親のこんな価値観を強く感じ取っている。

「……でなければならない」という思い込みが強い子は、周囲の大人からは、几帳面《きちょうめん》で、面倒見が良い子に見えることがある。たとえば、小学校でクラスメイトが忘れ物をすると、その子を注意する。同じ子が何度も忘れ物をすると、その子のランドセルに〝忘れ物注意〟の張り紙をする。それでも忘れ物が治らないと、「もう○○ちゃんは忘れ物が治らないから、口をきかない」と言い出す。こんな些細なことが、「仲間外れ」のきっかけになる。

大人が意識しなくても子供たちに伝えている価値観、「……でなければならない」の元を辿《たど》ると、テレビなどでも盛んに使われる「勝ち組」と「負け組」という言葉に行き着くと私は考えている。なにが勝ちでなにが負けなのか、その基準は、本来曖昧だと思うのだが、大人の世界では、「勝ち組」「負け組」は、お金持ちかそうでないかで語られ、その価値観が子供に伝染する。

子供が、お金持ちは「勝ち組」で、そうでなければ「負け組」と思い込んでいるとき、そのことを（時には無意識のうちに）教えているのは、自分は勝ち組だと思っている親だ。

親が、子供のクラスメイトの親を名指しして「○○さんは勝ち組だ」とか「○○さんは負け組だ」と口に出して言うことはないだろう。しかし、「……でなければならない」という思い込みが強く、自分が勝ち組だと思っている親は、知らず知らずのうちに、大人同士の会話の中で、「あの人」は社会のどのあたりの層に属するかを判断する方法を子供に伝えている。

たとえば、「一軒家の持ち家に住んでいる家が普通で、分譲マンションに住んでいる家は普通ではない。賃貸はもっと普通ではない。でも、賃貸でも車を2台も持っている家というのは、お金はあるけど家を買わない主義なだけだから、まぁ普通かもしれない」。こんな価値観を、無意識のうちに大人が子供に伝えている。

その結果、子供の世界では、「勝ち組」は「負け組」を見下してもいいんだという空気が生まれやすい。そうして、子供は自分とは違う層に属していると判断したクラスメイトをいじめる。

お父さんから、「肉体労働者はブルーカラーというんだよ」という知識を教えてもらった小学生は、翌日、あるクラスメイトの親が作業服を着ていたのを見たことがあるという理由で、その子に「ブルー」というあだ名をつけた。親は単に知識を教えただけのつもりかもしれない。しかし、子供の側は、親の普段の会話や表情から、それ以上のものを読み取っている。

つまり、見下す対象を選ぶ判断基準を学んでしまっている。親が直接子供にどうしろと指示しなくても、親が劣ったものを見下したり、バカにしたりしている態度を観察することで、子供は学んでいる。

親から、「……でなければならない」という価値観をすり込まれた子は、小学生のころから毎日、塾に通っていることが多い印象がある。小さな子供にとって塾通いは重荷かもしれないが、それでも、「……でなければならない」という目的のために子供たちは頑張る。頑張るとストレスがたまる。そうなると、憂さ晴らしのように、「負け組」と見なした子供をいじめるようになることがある。

だが、もちろんすべての塾通いの子が加害者になるわけではない。裕福な家庭の子がすべていじめをするわけでもない。中には、いじめを止めようとする子供もいる。この違いは、どこから生まれてくるのだろうか?

多くの加害者の親に会ってみて私が感じることは、**多様性を認める価値観**に乏しい人が多いということだ。別の言い方をすれば、彼らは、なんでもステレオタイプに決めつけてしまう傾向が強い。

卑近な例でいえば、お寿司《すし》を食べる順番から、焼肉にタレをつけるかどうかということにまで、すべてに正解があり、そうでないといけないと思い込んでいる。こういう親は、世の中のすべてに優劣がつけられていなければ、頭がパニックになってしまうのだろう。そして、こういうタイプの親を持った子は、いじめの加害者になる確率が高い印象がある。

子供をいじめの加害者にしたくなければ、親自身が多様性を認める生き方をするしかない。世の中にはいろいろな価値観があり、それらはみな尊重されるべきで、差別はどんな場合でも決して許されないと子供に教えることだ。

「強くなって見返せ」がいじめを助長する

「いじめられている子は頑張って偉くなって（強くなって）、いじめっ子を見返せばいいんだ」という大人がとても多い。でも、そういう人は気づいていない。〝見返す〟というのは〝いじめ返す〟と同じ意味だということを。

このような人は、偉い人は偉くない人をいじめても良いのだ、という前提に知らず知らずのうちに立っている。「偉くなって見返せ」は、いじめを肯定する人の意見だ。

いじめ被害者が偉くなって見返すまでには、乗り越えなければならないことがたくさんある。さまざまなことを我慢しながら、頑張って見返す。そういった苦労・成功物語のようなものを、勝手に頭の中に描いているのだろう。

「自分もいじめられっ子だったが、本気で怒ったら周りのみんなの態度が変わった」という克服体験をテレビで語る有名人もいた。しかし、６０００件のいじめ相談を受けてきた私の目から見るかぎり、非常に例外的で幸運なケースと言わざるをえない。周囲に味方はいるか、加害生徒はどれくらい悪質だったか、教師の理解はあったか……こういった要因が被害者に有利なように働かないと、「反撃」など成功しないものだ。

例外的な成功体験を一般化するこういった発言は、非常に悪質なものだと感じてしまう。というのは、過去に「反撃」したことがあったが、加害者からさらにひどい報復を受け、その後もいじめられ続けている子供は、自分はダメな人間だという思いを強くしてしまうからだ。

そもそもなぜテレビに出ている人は、いじめといえば被害者のことばかりを語りたがるのだろう。被害者よりも加害者のほうが、心の中にはるかに大きな問題を抱えていることは明らかなのに、なぜそのことを指摘する人がいないのだろう。「いじめられる側にも問題がある」という人がこれほどいるのが、私には信じられない。

本当にいじめを減らすためには、人はただ存在しているだけで尊重されるべきだという価値観に立たなければならない。しかし、大人が語るいじめ論は、ほとんどがその逆の効果をもたらしている。

ある有名芸能人が、テレビでいじめについて論じ「死んだら負けや」と発言したことがあった。この発言も、「勝ちは善で、負けは悪」を前提としているのだから、結局は「いじめられる側に責任がある」という結論に結び付いてしまう。勝ち負けの比喩を使うこと自体が軽率極まりない行為だ。

よく小学校の掲示板などで見かける、「みんな仲良く」というスローガンもいじめを助長しかねない。「みんな仲良く」は子供たちにとって絵空事すぎて、まったく心に響かないのだ。おまけに、「みんな仲良く」は「みんな同じ」という意味にとられやすく、結果的に、みんなと同じではない子供の排除を助長する。

大人でもそうだが、いつでもどこでも相性の悪い相手はいる。その相手と無理矢理仲良くする必要はないが、いじめてはいけない。相性の悪い人がいるのは当然だけれど、自分の視野を広げるために、そりがあわない奴に声をかけても面白いかもしれない。それくらいの意識でいることが、いじめを減らすことに繋がる。大人がまず「人はみんなそれぞれで、それでいい」という価値観を持たなければ、いじめを減らすことはできない。

テレビのお笑い番組の〝いじり〟は〝いじめ〟と同じもの

以前、男子中学生たちが、ひとりの生徒に集団で暴力を振るっている場面に出くわしたことがある。ショッピングセンターの駐車場でのことだった。私は彼らの間に割って入り、加害グループに向かって「きみたちのやっていることはいじめだぞ」と注意した。すると、リーダーらしき生徒が「いえ、いじめではありません。いじってやってただけです」という。

笑いながら無抵抗の被害者を取り囲み、殴る蹴るを繰り返している様子は、到底いじりとは思えない状況だった。

私が「では、これから携帯で仲間を呼んで、きみを俺と俺の仲間でいじるけど、それでもいいか?」と返すと、中学生の顔が急に青ざめ「勘弁してください」と言ってきた。

私は、ユース・ガーディアン代表としてもいじめ関係の依頼を受ける探偵としても、実際にいじめが行われている現場の仲裁をすることがある。そんなとき、いじめた側を注意すると「いじっていただけです」という返答を受けることが多い。この返答は、2010年代の半ばから急に増えだした印象がある。

テレビを見ると、お笑い芸人が怖がったり、痛がったりしている様子を、先輩芸人たちがニヤニヤ笑いながら見ている、そんな番組がいくつもある。この、若手芸人などに対して行われるいじりが、子供たちのいじめの口実になっている。

これはユース・ガーディアンに相談してきたお母さんから聞いた話だが、あるとき、小学校の教室で、具合が悪くなって机に突っ伏している男子児童がいた。クラスメイトが心配して、保健室に連れて行く相談をしていたそのとき、ひとりの男子児童が、クラスで飼育していたザリガニを苦しんでいる子の耳に当てて、笑い出した。

後日、その子にどうしてそんなことをしたのか聞くと、テレビで芸人さんがやられていることを真似したのだという。その子の中では、こういったいじりは単に面白いことに過ぎないのだ。学齢が低いために、他人が苦しんでいるときにやるものではないということも、理解できていない。

テレビでやっているいじりは、行為としてはいじめとまったく同じものだ。プロの芸人が、互いの信頼関係のもと、台本に沿って、お金を稼ぐために行うのが「いじり」で、それをそのまま普通の人がやったら「いじめ」または「犯罪」になる。

人が痛がったり、怖がったりしているのを見て喜ぶ。そんなお笑い番組のどこが面白いのか、私にはさっぱり分からないので、テレビでやっていたらチャンネルを変えてしまう。これは芸といえるのかと感じてしまうが、広く受け入れられているようだ。

表現の自由はとても大切な権利なので、子供の間でいじりを真似たいじめが行われていたとしても、そのような番組を止めるべきだと言うつもりはない。だが、「この人たちはプロの芸人としてやっています。普通にこれをやったらいじめになりますし、犯罪になることもあります」と子供に伝わるよう、テレビ局には配慮してもらいたいとは思う。

それができないなら、せめてテレビ局はメディアリテラシー教育のために、お金や人的資源を提供してほしい。今のように、いじりといじめの区別がつかない子供たちに、面白おかしく先輩芸人が後輩をいじる番組を見せるということは、自動車の運転免許を持たない子供たちを自動車に乗せて無免許運転させるのと同じ、ということに気づいてほしい。

いじめっ子になる「ゲーム」から学べること

今、学校で行われているいじめ教育は、ストーリー仕立てで学ぶようになっている。運転免許の更新のときに見せられるビデオのように、「こういうことをすると、こんなに大変なことになりますよ」と警告する内容だと思えばいい。免許更新のあのビデオが心に響く人がいる一方、まったく響かないタイプの人もいる。ビデオが流れている間中、スマホをいじりながら早く終わらないかなぁ、という顔をしている人が大勢いる。だが、本当に教育が必要なのは、こういった心に響かないタイプの人たちだ。あのビデオを見て、自らの運転を真剣に顧みる人にはあまり予防教育は必要ない。いじめ教育についても同じことがいえる。

では、どうすればいじめの予防教育ができるのか。ホライズンワークスという会社の林真人さんが作った「ダンデリオン」というのいじめを疑似体験するロールプレイングゲームが、ひとつの答えではないかと思っている。

このゲームは私が監修を務めていて、40人ほどの参加者が、アタッカー(攻撃的な性格)、ディフェンダー(守備的な性格)、バイスタンダー(傍観者)、チャージャー(場をしきる人)に分かれて、プレイする。

プレイヤーはお互いに攻撃し合うことができ、攻撃することで「ポイント」を得ることができる。プレイヤーの最終的な目標は、ポイントを他のプレイヤーよりも多くためることだ。

いじめっ子役のアタッカー、学校の先生役のチャージャーには、それぞれあらかじめ役目が設定されていて、それに沿ってプレイする。アタッカーはとにかく攻撃しなければならない。傍観者は協力していじめっ子を攻撃することもできる。制約がある中で、全員が生き残るために、プレイヤーは互いに交渉しながらゲームを進める。

このゲームは、いじめっ子を倒すゲームともいえるし、いじめられっ子がいじめから逃れるゲームでもある。いじめを疑似体験するゲームで、いじめの抑止になるのか? 逆にいじめを助長しないのか？　と疑問を持つ人もいるだろう。

しかしこのゲームには強いいじめ抑止効果があると私は思う。ゲーム内では、役割はランダムに割り当てられるので、いじめっ子傾向がある子がいじめられ役になったりするし、その逆もある。ゲームが終了すると、みな「自分は現実でいじめられる側になったことはないけれど、いじめられっ子役はだれがどこから攻撃してくるか分からないから怖かった」「こんな気持ちになるんなら、（いじめは）絶対ダメだな」といった感想を口にする。

また、いじめっ子の傾向がないのにいじめる側に回った人からは、「常に攻撃していなければならないというのが、実はこれほどプレッシャーだとは思わなかった」という感想も聞かれる。

傍観者役をプレイした人の中には、「俺たちが協力したらメチャクチャ強いじゃん。これなら、いじめられる子もいじめる子も自分たちの力でなくせると思った」と言い出す人もいた。いじめは傍観者が止めないことで成立しているところがある。このような感想を持つ人が増えることはとても大事だ。

いじめの実態は、実際にそれを体験した人でなければ分からない。大人が机上で考えた道徳より、たとえゲームでも、答えのない空間に放り投げられて、いじめを体験してみたほうがいじめ抑止に役立つのではないか。

教育現場の縦割りを解消する

いじめ問題にかかわっていて痛切に感じるのが、学校の先生たちの仕事量が、すでに限界を超えているということだ。

ある公立中学の先生に会うことになったときのことだ。私が会う日を決めようとすると、相手の先生は、「私は朝6時には学校に来ています。部活の子供たちが7時15分に登校してくるまでの間、1時間ほどお話ができます」と言った。実際に6時に学校に行くと、先生のほぼ全員が出勤している。

1時間の話し合いでは結論が出なかったので、「今日中に話の続きができないか」と言うと、その先生はこう言った。

「私は21時半までは学校にいます。この学校は機械警備になっていて22時には出入り口は閉まってしまいますから、放課後から21時半までならお話しすることができます」

今の学校は、決められた時間になると機械警備が働き、門が自動的に閉まるところが多い。高校の場合は、もっと遅い時間まで部活をしているところがあり、そういう学校では、顧問の先生はさらに遅い時間まで生徒を指導する。小中学校の場合は、部活があっても17時になれば子供を下校させるが、先生たちは22時近くまで事務作業をする。

そんな状況を目の当たりにするたびに、「朝の6時から夜の10時まで、当たり前のように学校にいるのだけれど、これは明らかに働きすぎじゃないか?」と思う。

世間の人は、学校は週休2日制だと思っているようだが、部活があれば担当の先生は土日でも出勤する。試合があれば引率・帯同もする。夏休みの間も、先生たちはたいてい学校にいて忙しそうにしている。

学校で不祥事が起きるたびに、報告書とか日報に書き込む項目が増えて事務仕事はどんどん増える。教科を教えるための教育を受けた先生たちに事務仕事は向いていない気がするが、日本では、学校に関係する業務のすべてを、先生たちがまんべんなくこなさなければならない。

海外の学校を見てみると、授業を担当する先生は基本的に他のことをしないことが珍しくない。授業担当以外に、生活指導担当、キャリア教育担当の先生などがいて、それぞれ自分の専門の仕事を行う。部活のコーチも、外部から連れてきたそのスポーツの専門家が指導している。一方の日本では、当該競技をまったくやったことのない先生が、部活の顧問をしなければならないことも多い。

2018年に行われた経済協力開発機構（OECD）の調査によると、日本の中学校教員の仕事時間は、2回連続で世界最長なのだという。参加48カ国の平均は週に38・3時間なのに対し、日本は56時間だ（第3回国際教員指導環境調査）。

どう考えても先生たちは過重労働だし人手不足だ。とてもひとりではできない仕事量を押しつけられ、多くの先生がストレスでおかしくなっているように見える。

いじめを本気で減らそうとするなら、教科や部活の仕事は受け持たず、いじめ問題にだけ取り組む、いじめ担当の専門職を学校に配置するしかないのではないか。ただ、今の体制では、本気でいじめ対策をするかは校長の判断しだいなので、いじめ担当の専門職は、学校と利害関係がない第三者機関から派遣するべきだと思う。文科省ではなく、法務省、内閣府の管轄にしてもいい。

このいじめ担当専門職が、いじめ事案にかぎり強制的な調査権を持つようにすれば、いじめが発覚したときの厳罰化を行うより、はるかに効果的だ。

日本には経験豊かないじめ関連のNPOが多く存在する。そういうNPOが第三者機関にかかわってもいい。いじめの予防教育が得意なNPOも国内に15団体ほど存在する。すでにNPOが予防教育を行っている例もある。少なくとも予防教育に関しては、先生が行うより、外部の力に頼ったほうが効果的だと思う。

現在、中高の公立校には学校の評価システムが導入されている。これは、いじめはあるか、学びやすい環境かなどの評価項目をチェックしていくものだが、保護者などからなる学校関係者が評価を行う仕組みになっている。それでは、内輪でお互いに気を遣いながら行う、中途半端な評価になってしまう恐れがある。

この学校評価システムも、アンケートを受ける人を徹底的に秘匿する、外部の人に評価してもらう、などのかたちに変えるべきだろう。私立校には評価システムは導入されていないが、彼らも私学助成金をもらっているのだから、やはり評価の対象にするべきだし、悪質な学校は学校長の名前を公表するべきだ。

いじめ問題で学校を訪れるたびに、先生たちからは「教育は特殊な仕事なんです」と言われる。教育分野には、教育関係者以外には理解できない奥深い問題があることをアピールしたいのだろうが、教育関係者だけで50年も60年も取り組んできて、いじめに関してはなにも解決していないのだから、そろそろ彼らも外部の声を聞いてもいいのではないか。

一部の識者からは、いじめ解決のためにスクールポリスを導入してはどうかという提案があるようだ。私は、この意見に基本的には賛成だ。だがその場合、スクールポリスは本物の警察官でなければいけない。警察官なら捜査令状を取れば生徒のスマホを覗くことができる。暴力行為を見つければ補導することもできる。

今の学校は奇妙な治外法権のような場所で、生徒が先生を殴ると警察沙汰になるが、先生が生徒を殴っても犯罪として認知されることが少ない。スクールポリスがいることで、そういった犯罪も見逃されることなく犯罪として捜査され、処罰されるなら、学校の中は今よりはマシな状態になるだろう。

だが、もしスクールポリスとは名ばかりで、警察官ではない学校関係者がいじめ担当の職員として配置され、その人をとりあえずスクールポリスと呼びましょうということになるのなら、あまり変化は期待できない。

では警察官がスクールポリスになれば、いじめは減るだろうか。少なくともスクールポリスが見ている前でいじめをする生徒は減るだろう。しかし、これは根治療法ではなく対症療法だ。スクールポリスの目が届かない場所でいじめが行われるようになることが、容易に想像できる。スクールポリス導入論は、いじめ行為を厳罰化して抑止しようというものので、いじめの原因を減らすものではない。

私がいじめ問題にかかわってもう15年以上が経過したが、当初から子供たちのいじめは大人社会の模倣だと言ってきた。いじめは子供の世界で起きている特殊な出来事で、大人の世界とは関係ないと思っているかぎり、本当の意味でいじめを減らすことはできない。

いじめ加害者は、自分とは違う価値観を持っている子や、自分よりも「スクールカースト」が低いとされている子供をターゲットにしている。今日の日本社会にそういった空気があるから、子供たちはそれを感じ取り模倣しているのだ。だから本当にいじめを減らしたいと思うのならば、まず大人たちが、自分たちの社会を変えていくしかない。自分とは違う人々に出会ったとき、その人を尊重し、その人から学べることを面白いと思えるような空気を作っていかなければならないだろう。

ある教育関係者は、「大人は変わることができないから、未来を担う子供たちの教育に力を入れる」と言っていた。だが、こういうことを言う人は信用できない。「大人は変わることができない」というのは、要するにその人が「私は変わる気はありませんよ」ということではないのか。

その人は、教える側の大人が相変わらずの価値観の中にいながら、子供を教えることができると思っているのだろうか。変わる気のない人間に、変わろうとする人の気持ちが分かるのだろうか。私は、子供と大人の世界を分けて考えるアプローチでは、いじめを減らすことはできないと思う。

本当にいじめを減らしたいなら、社会を公正で多様性を認める場所に変えていくしかない。それは子供ではなく、大人にしかできない。大人が変わらなければいじめを減らすことはできない。遠回りのように見えても、それ以外にいじめを減らす方法はないはずだ。

この本を読んでくださった皆さんへ

　世間で、私は「いじめ探偵」と名付けられ、テレビの影響からか、まるでいじめ専門の探偵のようにイメージされています。ですが、いじめは探偵としての専門のひとつに過ぎません。探偵調査だけで、いじめをなくすことはできませんし、いじめ対応は無償ですから、会社も生活も、それだけやっていたのでは成立しません。

　そんな状況下で、ひとりでも多くの子供たちを救いたいと思った私は、NPO法人ユース・ガーディアンを設立しました。今も毎日のようにいじめにかかわる相談を受け、日常的に調査を実施している状態です。対応事案は日を追うごとに増えています。

　探偵という職業のイメージは、どこかうさんくさくて貧乏、靴が武器になったり、時計から針を飛ばす、といったもののようです。実際のところは、私は取り扱うすべての問題について事例を研究し、法律やガイドラインを調べ、判例やニュースなどを分析し、証拠をあげるために必要な技術を徹底的に習得して調査にあたります。

証拠を取るためにいじめ行為を録音する方法を提唱したときには、教育界からもテレビのコメンテーターからも、大変な批判を浴びました。教育現場に探偵が入り込むとは何事か？　ということなのでしょう。しかし今では、この手法は、いじめの証拠を押さえる方法としてスタンダードなものになりました。時として、被害者を救うために他に効果的な術《すべ》がない場合があることを、多くの人々が理解したのです。

思い起こせば、いじめ調査を始めた当時、調査機材の中で、児童・生徒の持ち物に仕込めるほど小型化が可能で、長時間稼働ができる調査機材は録音機しかありませんでした。加害行為をする相手の名前を録音できるように、機材を持つ被害生徒とシミュレーションをしたりもしました。

探偵調査以外の、いじめ解決の方法として、行政文書開示などについて話すと、「なぜこんなことを知っているのか」と驚かれることがありますが、日本の教育行政の仕組みと効果的な役所へのアプローチなどを細かく研究し、試行錯誤を繰り返しているからです。

そんなことを続けるうちに、２０１９年１月の時点で、相談は６０００件を超え、介入件数は400件以上になりました。いじめ相談NPOとしても、探偵としても、日本でもっともいじめ問題の受件件数が多いはずです。桁違いに多くフィールドワークをしている一種の研究者のようになっているのかもしれませんが、ひとつの仕事と捉えたとき、私は至極当然のことを積み重ねてきたにすぎません。

本書で繰り返し描いてきたように、いじめについて調査をする中で、学校や教育委員会の隠蔽体質と闘うこともたくさんありました。こうしたシーンはメディアで取り上げられることも多く、私は学校の敵だと思われている部分もあるようです。

しかし、私は学校から招かれ、探偵という職業について語るキャリア教育の講師もしています。そこにはキラキラとした目で興味を持ち、さまざまな質問をしてくる子供たちと、彼らの姿を温かく見守る教員がいます。また、いくつかの学校は私に視察を許してくれます。教員の中には、私に教員社会についての貴重な情報をもたらしてくれる人もいます。

本の性質上、学校や教師が「悪者」になっているケースを多く取り上げることになりましたが、限られたリソースの中で最善を尽くし、いじめから子供たちを解放しようと真摯に努力し続ける教員も大勢いるのです。だから、私は日本の教育を信じたい。

しかし現実には、教育現場の閉鎖的なシステムの中で行われてきた、今までのいじめ教育はまったく効果が挙がっていません。本書でも指摘したように、本当にいじめを減らしたいなら、教育現場の外側にいる人も含めて、社会の力を結集する時に来ていると感じています。ひとりでもまともな大人がまともな判断をして行動をとれば、きっと状況が変わるはずです。この信念が、私がいじめ問題に取り組み続ける理由です。


今いじめで悩んでいる子とその保護者の方々へ。

あなたはなにも悪くはありません。どうしても辛かったり、苦しいのなら、まずは学校を休んでほしいと思います。今は素直に笑えないかもしれません。それでも、生きていてくれさえすれば、それこそが、ひとつのいじめへの抵抗になります。学校で学ぶことは権利ですが、学校に行くことは義務ではないのです。本当に辛いときは、逃げてもいいのです。それは、賢者の選択と言えるし、勇気ある回避です。

最後に、私を応援してくれる皆さん、NHK総合の番組で10カ月以上もいじめ問題に一緒に向き合った白水康大さん、悩む児童や保護者に適した絵本を教えてくれる絵本教育研究所の岡松久美子さん、元校長で同志の仲野繁先生、いじめの予防活動をしている「くまもと子どもの人権テーブル」の砂川真澄さん、不登校対応について連携してくれる「いばしょづくり」の阿部伸一さん、本書を出版するにあたって尽力してくれたフリーの編集者の桑原和久さんと集英社新書の穂積敬広さん、無償のいじめ調査ばかりをやる私を不良債権社長と呼びつつも、ボランティアとして手伝ってくれるT.I.U.総合探偵社のスタッフ、パートナーとして難件にともに立ち向かわなければならない佐々木真人、常に味方であってくれる両親と兄、そして、自らの健康も顧みず仕事に没頭する私を支えてくれる妻と、私に生きる意味を与えてくれる我が子に感謝の言葉を送りたい。

ありがとうございます。

2019年8月

阿部泰尚

構成／桑原和久

阿部泰尚（あべ ひろたか）

一九七七年、東京都生まれ。NPO法人ユース・ガーディアン代表理事、T.I.U.総合探偵社代表。二〇〇四年、探偵として初めて子供の「いじめ調査」を受件。以降、六〇〇〇件にも及ぶいじめ相談を受け、関係各所が動きの取れない状態にあった四〇〇件で収束・解決に導く。著書に『いじめと探偵』（幻冬舎新書）がある。

保護者《ほごしゃ》のための　いじめ解決《かいけつ》の教科書《きょうかしょ》

二〇一九年九月二二日　第一刷発行

集英社新書〇九九〇E

著者……………阿部泰尚《あべひろたか》

発行者…………茨木政彦

発行所…………株式会社集英社

東京都千代田区一ツ橋二-五-一〇　郵便番号一〇一-八〇五〇

電話　〇三-三二三〇-六三九一（編集部）
〇三-三二三〇-六〇八〇（読者係）
〇三-三二三〇-六三九三（販売部）書店専用

装幀……………原 研哉

印刷所…………凸版印刷株式会社

製本所…………加藤製本株式会社

定価はカバーに表示してあります。

ISBN 978-4-08-721090-3 C0237

a pilot of wisdom

教育・心理――E

科学――G

物理学の世紀	佐藤文隆
臨機応答・変問自在	森　博嗣
匂いのエロティシズム	鈴木　隆
生き物をめぐる4つの「なぜ」	長谷川眞理子
物理学と神	池内　了
ゲノムが語る生命	中村桂子
いのちを守るドングリの森	宮脇　昭
安全と安心の科学	村上陽一郎
松井教授の東大駒場講義録	松井孝典
時間はどこで生まれるのか	橋元淳一郎
スーパーコンピューターを20万円で創る	伊藤智義
非線形科学	蔵本由紀
欲望する脳	茂木健一郎
大人の時間はなぜ短いのか	一川　誠
化粧する脳	茂木健一郎
電線一本で世界を救う	山下　博
量子論で宇宙がわかる	マーカス・チャウン
我関わる、ゆえに我あり	松井孝典
挑戦する脳	茂木健一郎
錯覚学―知覚の謎を解く	一川　誠
宇宙は無数にあるのか	佐藤勝彦
ニュートリノでわかる宇宙・素粒子の謎	鈴木厚人
顔を考える 生命形態学からアートまで	大塚信一
宇宙論と神	池内　了
非線形科学 同期する世界	蔵本由紀
宇宙を創る実験	村山斉・編
地震は必ず予測できる！	村井俊治
宇宙背景放射「ビッグバン以前」の痕跡を探る	羽澄昌史
チョコレートはなぜ美味しいのか	上野　聡
AIが人間を殺す日	小林雅一
したがるオスと嫌がるメスの生物学	宮竹貴久
地震予測は進化する！	村井俊治
プログラミング思考のレッスン	野村亮太

a pilot of wisdom

集英社新書　好評既刊

「私」を有能な演算装置にする
プログラミング思考のレッスン
野村亮太　0980-G

自らの思考を整理し作業効率を格段に高める極意とは。情報過剰時代を乗り切るための実践書！

日本人は「やめる練習」がたりてない
野本響子　0981-B

マレーシア在住の著者が「やめられない」「逃げられない」に苦しむ日本とはまったく異なる世界を紹介する。

心療眼科医が教える その目の不調は脳が原因
若倉雅登　0982-I

検査しても異常が見つからない視覚の不調の原因を神経眼科・心療眼科の第一人者が詳しく解説する。

隠された奴隷制
植村邦彦　0983-A

マルクス研究の大家が「奴隷の思想史」三五〇年間をたどり、資本主義の正体を明らかにする。

俺たちはどう生きるか
大竹まこと　0984-B

自問自答の日々を赤裸々に綴った、人生のこれまでとこれから。本人自筆原稿も収録！

ノーベル賞作家のハーバード連続講演録
「他者」の起源
トニ・モリスン　解説・森本あんり／訳・荒このみ　0985-B

アフリカ系アメリカ人初のノーベル文学賞作家が、「他者化」のからくりについて考察する。

定年不調
石蔵文信　0986-I

仕事中心に生きてきた定年前後の五〇～六〇代の男性にみられる心身の不調に、対処法と予防策を提示。

言い訳　関東芸人はなぜM-1で勝てないのか
ナイツ 塙 宣之　0987-B

M-1審査員が徹底解剖。漫才師の聖典とも呼ばれるDVD『紳竜の研究』に続く令和の漫才バイブル誕生！

人間の終焉か？
資本主義の終わりか、未来への大分岐
マルクス・ガブリエル／マイケル・ハート／ポール・メイソン／斎藤幸平・編　0988-A

「人間の終わり」や「サイバー独裁」のようなディストピアを退ける展望を世界最高峰の知性が描き出す！

自己検証・危険地報道
安田純平／危険地報道を考えるジャーナリストの会　0989-B

シリアで拘束された安田と、救出に奔走したジャーナリストたちが危険地報道の意義と課題を徹底討議。